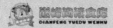

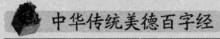

中华传统美德百字经

让·谦恭礼让

于永玉 双霞◎编

一段历史之所以流传千古，是由于它蕴涵着不朽的精神；一段佳话之所以人所共知，是因为它充满了人性的光辉。感悟中华传统美德，获得智慧的启迪和温暖心灵的感动；品味中华美德故事，点燃心灵之光，照亮人生之路。

天津人民出版社

图书在版编目（CIP）数据

让：谦恭礼让 / 于永玉，双霞编. —天津：天津
人民出版社，2012.3
　（巅峰阅读文库. 中华传统美德百字经）
　ISBN 978-7-201-07503-7

Ⅰ．①让… Ⅱ．①于… ②双… Ⅲ．①品德教育—中
国—通俗读物 Ⅳ．① D648-49

中国版本图书馆 CIP 数据核字 (2012) 第 058169 号

天津人民出版社出版
出版人：刘晓津
（天津市西康路 35 号　邮政编码：300051）
邮购部电话：（022）23332469
网址：http://www.tjrmcbs.com.cn
电子信箱：tjrmcbs@126.com
永清县晔盛亚胶印有限责任公司印刷　新华书店经销
2012 年 3 月第 1 版　2012 年 3 月第 1 次印刷
690×960 毫米　16 开本　10 印张　字数：100 千字
定价：19.80 元

中国是一个具有悠久历史和灿烂文化的文明古国，也是举世闻名的礼仪之邦。在历史的长河中，中华民族创造出了绚丽多彩的物质文化和精神文化，为人类的发展和进步做出了重要贡献。其中，中华民族的传统美德被大家代代传承。

那么，什么是传统美德？什么是中华民族的传统美德呢？通常来说，传统美德就是在自觉或习俗的道德规范中，一些被大多数人所接受并实际奉行的，而且在现代仍有着积极影响的那些美德。具体到中华民族传统美德，概括起来就是指中华民族优秀的民族品质、优良的民族精神、崇高的民族气节、高尚的民族情感以及良好的民族礼仪等，是中华民族在历史实践过程中积累而成的稳定的社会优秀道德因素，体现在人们生活的方方面面，涉及政治、经济、文化、意识等领域，并通过社会心理结构及其他物化媒介得以代代相传。

前　言

经过长期的历史沉淀，中华传统美德已融入到中华民族的思想意识和行为规范中，成为社会道德文化的遗传基因，成为整个中华民族文化的精神内涵，也是中华五千年文明史的精髓所在。继承和弘扬中华民族传统美德，可以振奋民族精神，增强民族自尊心、自信心、自豪感和凝聚力，使社会主义道德规范具有更丰富的内涵，让社会主义、集体主义、爱国主义思想等更加深入人心，成为社会主义文化的主旋律。同时，还可以更好地协调人际关系，促进社会主义市场经济的健康发展，形成有中国特色的、适应社会发展的价值观和伦理道德规范。

国民的思想道德状况，尤其是青少年的思想道德状况，直接关系着一个国家、一个民族的整体素质，关系着国家前途和民族命运。目前，我国已进入改革发展的新时期新阶段，德育教育的价值和意义更是日渐凸显。大力弘扬中华传统美德，建设社会主义核心价值体系，促进社会主义文化的发展和繁荣，是建设全面小康社会的主要任务，更是实现中华民族伟大复兴的必然要求。因此，党中央非常注重我国公民道德建设，全社会也已形成了加强和改进思想道德建设的新风尚。

青少年是国家的希望，是民族不断发展和延续的根本，因此，青少年德育教育就显得更加重要。为了增强和提升国民素质，尤其是青少年的道德素质，我们特意精心编写了本套丛书——《中华传统美德百字经》。

本套丛书立足当前公民，尤其是青少年思想道德教育的现实，将中华民族的传统美德归纳为一百个字，即学、问、孝、悌、师、教、言、行、中、庸、仁、义、敦、和、谨、慎、勤、俭、恤、济、贞、节、谦、让、宽、容、刚、毅、睦、贤、善、良、通、达、知、理、清、廉、朴、实、志、道、真、立、忠、诚、公、正、友、爱、同、礼、温、信、尊、敬、恭、恕、责、仪、精、专、博、富、明、智、勇、力、安、全、平、顺、敏、思、积、利、健、率、坚、情、养、群、严、慈、创、新、变、革、争、谏、诲、齐、省、克、竞、求、简、洁、强、律。丛书内容丰富、涵盖性强，力图将中华民族传统美德的内涵囊括进去。丛书通过故事、诗文和格言等形式，全面地展示了人类永不磨灭的美德：诚实、孝敬、负责、自律、敬业、勇敢……

这些故事在中华民族几千年的历史长河中，一直被人们用来警醒世人、提升自己，用做道德上对与错的标准；同时通过结合现代社会发展，又使其展现了中华民族在新时代的新精神、新风貌，从而较全面地展示了中华民族的美德。

在本套丛书中，为了帮助读者更好地理解这些源远流长的传统美德，我们还在每一篇故事后面给出了"故事感悟"，旨在令故事更加结合现代社会，结合我们自身的道德发展，以帮助读者获得更加全面的道德认知，并因此引发读者进一步的思考。同时，为丰富读者的知识面，我们还在故事后面设置了"史海撷英"、"文苑拾萃"等板块，让读者在深受美德教育、提升道德品质的同时，汲取更多的历史文化知识。

前 言

这是一套可以打动人心灵的丛书，也是可以丰富我们思想内涵的丛书……《中华传统美德百字经》向我们展示的是一种圣洁的、高尚的生活哲学。无论在任何社会、任何时代，给予人类基本力量的美德从来不曾变化。著名的美国政治家乔治·德里说："使美国强大的不是强权与实力，而是上帝赐予的美德。假如我们丢失了最根本且有用的美德，导弹和美元也不能使我们摆脱被毁灭的命运。"在今天，我们可能比任何时候都更应关心道德问题，尤其是青少年的道德问题，因为今天我们正逐渐面临从未有过的道德危机和挑战。

人生的美德与智慧就像散落的沙子，我们哪怕每天只收集一粒，终有一天能积沙成塔，收获一个光辉灿烂的明天。《中华传统美德百字经》中的美德故事将直指我们的内心，指向人性中善良的一面，唤起我们内心深处的道德感。因此，中华民

族的传统美德也一定会在我们的倡导和发扬之下，世世传承，代代延续！

　　全套丛书分类编排，内容详尽、文字优美、风格独具，是公民，尤其是青少年思想道德建设的优秀读物。愿这些恒久流传的美文和故事能抚平我们每个人驿动的心，愿这些优秀的美德种子能在青少年身上扎根、发芽、生长……

让·谦恭礼让

人与人之间的交往，免不了会有利益上的矛盾和冲突，这就要求我们学会"让"。"让"是审时度势的宽宏大量，是高人一等的求同存异，立于有理、有利、有节的基础之上，更是一种为人处世的策略和一种恬淡隐忍的风范。

面对生活当中的多种矛盾，如何化解，体现了一个人的处事态度和心态问题。"人不犯我，我不犯人；人若犯我，礼让三分"，如果能做到遇事顾全大局，主动礼让别人，那么矛盾也会很容易缓和。自然，社会就会更稳定，也会增添更多和谐的音符。

在一些特殊的领域里，如政治、军事、文艺、文化和经济等，也会存在各种各样的有关让功、让名、让位和让利的问题，这些无不体现着人们高风亮节的高贵品质。所以，从古至今人们一直把"让"看成一个人最宝贵的品质之一，在我们的生活中起着重要的调节作用。

在物质生活日益丰富的今天，我们仍然需要继承"让"的品德，并且将其发扬光大。

然而，在改革开放和市场经济的新形势下，有些人禁不住极端利己主义思潮的侵蚀和市场经济物质利益的诱惑，在名利面前，失去了"让"的美德，干起了追名逐利、尔虞我诈、坑蒙拐骗之勾当。这种日常见到或碰到过的形形色色的由"让"或"不肯让"而演绎出来的事例很多。可以说，"让"或"不肯让"是一个人人格和人品的试金石。

孔融让梨的故事已经家喻户晓，成为千古美谈。我们应该像他那样，要懂得宽容、谦让，以大局和集体为重。

"让"，在另一方面也体现了个人的修养，需要我们注意和学习。冯异大将军不争功，陈平装病让相位，鲍叔牙辞相让管仲等，这些事迹都表现出了他们淡泊名利、不慕名利的优秀品德。

我们在现实生活中也是一样，要正确认识自己，能看到自己的不足，永不自满；要善于发现别人的优点和长处，并加以肯定。在名利面前，要正确对待个人、他人和集体利益的关系，懂得谦让，不居功，不争名夺利。这样人们才能互相尊重，有益于国泰民安，也有益于人与人间的合作共事，更有益于自身修养和综合素质的提高。

"让"，使这个社会更和谐；"让"，是一个有修养的人必备的品质，更是中华民族传统美德的精华。

目录

ZHONGHUACHUANTONGMEIDEBAIZIJING

中华传统美德百字经

让·谦恭礼让

第一篇

让功不争

公叔痤不贪功

◎虚己而任，不愧知人之明。——欧阳修

公叔痤（？—前361），战国时期魏国大臣。魏武侯九年（公元前387年），公叔痤担任相国。他的妻子是魏国的公主。魏惠王八年（公元前362年），公叔痤率军与韩、赵两国的联军大战于浍水北岸，大败联军，俘虏了赵国将领乐祚。晚年，公叔痤曾向魏惠王推荐公孙鞅，即后来的商鞅。

公叔痤，战国时期魏国人。魏惠王八年，他率领魏军与韩、赵联军在浍水北岸交战，最后魏国大胜。

魏王得到捷报后非常高兴，亲自到郊外迎接凯旋的将士们。接着，魏王奖赏给公叔痤一大块田地，公叔痤再三谢绝说："这次取胜是全军将士奋战的结果。他们团结一致、勇往直前，与强敌作战毫不畏惧、退缩，这全是吴起将军留下的硬朗作风。战斗中遇上险阻就前往观察地形，明辨利害得失而采取对策，不被敌军迷惑，这是巴宁、爨襄两位将领的功劳。事前有赏罚分明的法令，事后使百姓依令而行，这是大王执法严明的结果。遇见敌人，敲起战鼓指挥将士进攻而不敢倦怠，这才是我做的事啊。大王只赏赐我，这是为什么呢？您认为我有功劳，可我又有什么功劳呢？"魏王听罢，说道："说得好。"于是，就找来吴起将军的后代，给予他们奖赏，并赏赐巴宁、爨襄两位将领土地和田宅。

后来魏王又说道："公叔痤的确是位德行高尚的人啊！既为我战胜了强敌，又不忘记贤者的后代，也不埋没他人的功绩。这样的人怎能不加倍赏赐呢？"

◎故事感悟

作为主帅的公叔痤，率领魏军取得了战役的胜利，理应得到封赏。但是他不贪功，而是主动把功劳让给别人。这种谦恭礼让、主动让功的美德令人敬佩。

◎史海撷英

魏文侯问政

有一天，魏文侯问李悝，怎样才能招募更多有才能的人到魏国来？李悝没有回答，反问道："主公，您看过去传下来的世卿世禄制怎么样？"魏文侯说："看来弊病甚多，需要改革。"李悝点点头说："这个制度不改，就不可能起用真正有才能的人，国家就治理不好。"原来，按照"世卿世禄"制，贵族的封爵和俸禄是代代相传的，父传子、子传孙，即使儿子没什么本领，没什么功劳，照样继承父亲的封爵和俸禄，享受种种特权，过着养尊处优的生活。而那些真正有才能的人，却因为不是贵族，就被这种制度卡住了，很难得到应有的地位。听了李悝的分析，魏文侯十分赞同，又问："那么如何改革呢？"李悝早就胸有成竹，他不慌不忙地说："我们必须废除世卿世禄制。不管什么人，无论是贵族还是平民，谁有本事有功劳，就给谁官做、给谁俸禄，按本事和功劳大小分派职位，有功的一定奖赏，有罪的适当处罚。对那些既无才能又无功劳而又作威作福的贵族，应断然采取措施，取消他们的俸禄，用这些俸禄招聘人才。这样，四面八方的能人贤士就会到魏国来了。"魏文侯听了，非常高兴，便命李悝起草改革的法令，新法令不久就在全国执行了。这项改革剥夺了腐朽没落的贵族的"世袭"特权，增加了新兴地主阶级参与政治的机会，为巩固魏国的封建政权创造了条件。

◎文苑拾萃

《法经》

《法经》是战国时期著名的改革家李悝编定的。它是中国历史上第一部比较系统的封建成文法典，但它并不是中国历史上第一部成文法典。在《法经》之前，

已经颁布了很多法典，只不过不太完善。《法经》成为后来中国封建社会法典的蓝本。

《法经》可分为三个组成部分，前四篇"正律"、杂律和具律，主要内容是治"盗"、"贼"。《法经》共有六篇，即盗、贼、网（或囚）、捕、杂、具。《法经》首先确立了"王者之政，莫急于盗贼"的立法宗旨。李悝认为，盗和贼是对统治的最大威胁，所以放在了最前边。《盗》是保护封建私有财产的法规；《贼》是防止叛逆、杀伤，保护人身安全和维护封建社会秩序的法规；《囚》是关于审判、断狱的法律；《捕》是关于追捕犯罪的法律；《杂》是有关处罚狡诈、越城、赌博、贪污、淫乱等行为的法律；《具》是一篇关于定罪量刑中从轻从重等法律原则的规定，相当于近代法律的总则部分。

《法经》作为中国历史上第一部比较系统、完整的成文法典，具有重要的历史地位。

大树将军不争功

◎汉冯异当论功，独立大树下，不夸已绩；汉文帝尝劳军，
亲幸细柳营，按辔徐行。——程登吉《幼学琼林》

> 　　冯异（？—34），字公孙。颍川父城（今河南宝丰东）人。东汉中兴名将，"云台二十八将"之一。冯异出身儒生，素好读书，精通《左氏春秋》《孙子兵法》。他既有文才，也长于武略，不仅战功卓著，在云台诸将中名列前茅，而且治理郡政也是很有成绩。史称其在关中时，"怀来百姓，伸理枉结，出入三岁，上林成都"。冯异早年为王莽效力，后投降刘秀并立下汗马功劳。身为东汉佐命虎臣，他作战勇敢，常为先驱，善用谋略，治军严明，关心民生。在东汉创业过程中，其功劳巨大。同时他为人谦恭礼让，不好自我夸耀，从不居功自傲。

　　冯异是东汉时刘秀手下的一员大将。他一直跟随刘秀东征西讨，成为独当一面的大将军。在著名战役"守孟津，逼洛阳"中，对洛阳的夺取和刘秀东汉帝国的巩固，冯异的功劳是不可忽视的。而且，冯异以他卓越的战功，被称为"云台二十八将"之一。

　　公元24年底，刘秀虽然名义上还是汉更始政权下的萧王，但是，两家已经小有摩擦并准备开战了。恰在这个时候，北方战线告急，刘秀不得不率主力北赴燕、赵地区（今河北省北部和中部）征剿一支农民起义军。出征前，他给冯异2万人马，命冯异镇守孟津（在今河南省孟津县东北，古代的兵争要地。），统辖魏郡（今河北省临漳县）、河内郡（今河南省武陟县）的地方武装，沿黄河以北布防，监视洛阳方面汉更始政权的30万大军。

　　依照刘秀的本意，冯异率区区2万人马只要能守住防线，就是大功一件。

面对严峻的局面，一般人的做法多是严防死守，坐等敌人来攻。可冯异觉得，一味地消极防守无异于坐以待毙。在四处搜集情报的基础上，洞察力超群的冯异，审时度势，决定在防守中主动进攻。

冯异采用攻心瓦解的策略。他写信说服了洛阳方面的守将李轶，使其保持中立。然后利用南面没有后顾之忧的大好机会，向北进击天井关（今山西省晋城县南），攻克上党郡（今山西省长子县）所属的两个县。接着又挥师南下，夺取河南郡所属的成皋（今河南省汜水县）以东13个县，收服降兵10余万人，威震中原。

之后，冯异故意把李轶给自己的密信内容传扬出去，采用制造矛盾、利用矛盾、瓦解敌人的计谋。果然，洛阳方面的另一位守城大将朱鲔听到李轶早就与冯异有勾结之后，十分恼怒，当即派刺客杀了李轶。内讧使洛阳城中人心浮动，很多人弃城投降冯异。

朱鲔气恼不过，亲率主力兵分两路同时北进，想一举攻占河内郡。这时的冯异早已兵强马壮了，他与河内郡太守寇恂合兵给予朱鲔迎头痛击。朱鲔大败南逃，冯异和寇恂穷追不舍，直至洛阳城下。朱鲔再无胆量出战，冯异率军声势浩大地绕城一周，极大地威慑了对方，然后"班师回朝"了。

以2万人马守孟津对峙隔岸的30万雄兵，到最终逼迫洛阳的敌人闭门不敢出战，冯异仅仅用了几个月的时间。获得这样辉煌的战果，是远在北方的刘秀做梦也想不到的，这让一直韬光养晦的刘秀终于有了脱离汉更始政权的资本和勇气。后来，刘秀称帝，建立了东汉帝国。

冯异在这次战役中，以少敌众，大获全胜。他戎马一生，立下了屡屡战功，然而却从不表功。他治军纪律非常严明。每逢作战立功，诸将相聚论功，往往互不相让，唯有冯异总是静静地坐在树下，一声不响，因此军中称他为"大树将军"。刘秀大军攻破邯郸后，对各地部队重加部署，诸军士都表示愿归"大树将军"麾下，足见其深得军心。他谦逊不骄的品行，是常人所难做到的。他在军中，如果驾车与其他将领相遇，他一定逊道让路，而在一进一退之间，无不合乎常道。

◎故事感悟

作为将军，都希望立下战功，以证明自己本领高强、战略战术高明，而冯异却从来不与他人争功夺利。恰恰是他这种谦恭礼让的态度，使他赢得了别人的敬重和皇帝的信任，也为他取得更大的成功打下了基础。

我们应该学习和发扬这种谦恭礼让的精神，不应一味争夺功绩。只有这样，才能在社会立足，才能取得成功。

◎史海撷英

冯异征隗嚣

建武六年（30年）春，冯异回京，受到汉光武帝的丰厚嘉奖。但他在京城仅住了10天，汉光武帝又派他偕妻子西归。夏天，隗嚣侵占上陇（今庆阳）一带，并派将军王元、行巡二人率兵2万，分头进攻下陇。

汉光武帝得报，立即下诏书，命冯异出兵旬邑。有人说隗军士气高昂不可与之争锋。但冯异胸有成竹，不为所动，亲自率兵抢先占据旬邑，偃旗息鼓，以逸待劳，等待迎敌。当隗军兵临旬邑城下时，冯异率军出其不意出击，隗军未作防备，经此一冲，慌乱奔走。汉军又乘胜追击，隗军死伤无数，大败逃遁。与此同时，隗嚣的另一支军队被汉将祭遵击败，引起震动。于是，北地原来投靠隗嚣的豪强如耿定等，又反叛隗嚣，归顺了东汉朝廷。

◎文苑拾萃

小不忍，则乱大谋

西汉末年，昆阳大战，昆阳城里的王凤、王常见城外打了胜仗，就打开城门冲了出去，两下夹攻，王莽军队四处奔逃，相互践踏，伏尸百里，水为不流，主将王寻带着剩下的几千人逃回洛阳，刘秀缴获的辎重不计其数，用了一月的时间都没有收拾完毕。

昆阳一战，敲响了王莽政权的丧钟，刘缜刘秀兄弟也因此声名鹊起。王莽坐

立不安，忧懑不食。海内豪杰蜂拥而起，杀掉州郡官吏自称将军，接受更始皇帝的年号，等待诏命。

正当此时，新市、平林军的将领们看到刘缤、刘秀兄弟的威名日隆，心中不安，劝刘玄除掉他们，甚至连本来与刘缤兄弟关系密切的李轶也渐渐疏远了他们。

刘玄自然感觉到刘缤兄弟是榻旁之虎，于是，他处心积虑，找了一个借口杀掉了刘缤。

刘秀听到兄长被杀的消息后，悲痛万分，但他知道，自己还没准备好，还需积蓄力量，因此他非但没有找刘玄算账，还赶紧跑到宛城请罪，面见刘玄，表现得和颜悦色，压根儿没提长兄被杀一事。他不穿孝服，不办丧事，言谈饮食犹如平时。而每当独居，刘秀总是不喝酒、不吃肉，以此寄托哀思。身边的人发现他枕席上有哭泣的泪痕，叩头劝他自宽，他害怕事露就否认说："没有的事，你不要胡说！"

就这样，他忍下了杀兄之仇，为后来夺取政权争取了时间。经过一段时期的准备，他一举消灭了更始政权当上了皇帝，报了兄仇，成就了一番事业。当时，刘秀如果不能克制，质问刘玄，很可能就会被杀害，与其兄一样下场，那还有什么宏图大志可言。况且刘秀也是有功之臣，在昆阳大战中，他率十三骑突围求援，建立奇功。刘秀如果述说一下光荣历史，或许会讨好刘玄，增强他对自己的相信度。但刘秀却只字不提。刘玄见刘秀没有要反他的意思，被麻痹了，感到十分惭愧，便拜他为破虏大将军，封武信侯。

不争功名的两刺史

◎夫君子之行，静以修身，俭以养德，非淡泊无以明
志，非宁静无以致远。——诸葛亮

> 夏侯亶（生卒年不详），字季龙，亶弟也。起家齐南康王府行参军。中兴初，迁
> 司徒属。天监元年，为太子洗马、中舍人、中书郎。普通元年，为邵陵王信咸长史，
> 行府国事。其年，出为假节、征远将军，随机北讨，还除给事黄门侍郎。

　　湛僧智和夏侯亶是南北朝时梁国的两名刺史，湛僧智驻于谯州，夏侯亶驻于司州。由于他们不慕虚名，不争功利，彼此谦让，因而受到梁国朝野上下的称颂。

　　有一次，湛僧智奉命出征，他率兵把北魏的军队包围在广陵城内。两军相持对垒，共历时9个多月，一直没决出胜负。

　　梁王见两军对峙旷日持久，便指派夏侯亶率军前往广陵支援。夏侯亶率兵进驻广陵城外的第二天，北魏军将领元庆和派人前来表示愿意投降。

　　夏侯亶见此情况，心想：自己的军队刚刚到，没有参加任何战斗，而湛僧智的军队在这里围城近10个月，没有功劳也有苦劳，这次接受投降的人应该是湛僧智。于是，他把湛僧智请来，十分诚恳地说："将军，此次魏军投降，请你主持接受魏军的投降吧。"

　　湛僧智听了，和善地笑着说："我率兵在此攻城近10个月，元庆和就是不投降。你的大军一到，他就表示投降，这分明是怕你不怕我。假若我进城受降，一定会违背他的意愿，弄不好反而会出现变故，所以还是请将军您前往

9

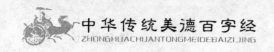
为上策。"

夏侯夔坚持认为，自己进城受降是贪人之功，不劳而获，所以一再诚恳地请湛僧智去受降。而湛僧智以为夏侯夔对他的真诚有所误解，所以又十分真挚地解释说："我的军队大多是招募来的，军纪不严，要是进城之后，有人若以胜利者的姿态在城里胡作非为，掠杀百姓，岂不造成后患？将军一贯治军有方，军纪严明，只要你约法三章，士兵们是不会乱来的。我坚持要请将军前往受降，完全是从全局考虑的。"

夏侯夔觉得他的话诚挚坦然，很有道理。再一想，时间如拖久了，可能会夜长梦多，使魏军投降一事发生变故。于是，他立即率兵登城，拔掉了魏军的旗帜，换上了梁国的旗号。

梁军进城后，军纪严明，深受百姓拥戴，全城秩序安定，广陵城和平地归属于梁国。湛僧智与夏侯夔的关系也因此更加密切。他们这种不争功的高尚美德也为世人所称颂。

◎故事感悟

湛僧智和夏侯夔是南北朝时期的两位有名的刺史，他们都具有不贪虚名、不慕功利、谦让互敬的品德、是我们学习的榜样。

◎史海撷英

第一位出家的皇帝

萧衍即位之初，对儒学非常重视，设立了国子监，增加了生员，还亲自撰写了《春秋答问》、《尚书大义》、《中庸讲疏》、《孔子正言》等200余卷书籍。但到了晚年，萧衍竟然看破红尘，遁入空门，成为一位在位时剃度出家的和尚皇帝。

自此以后，佛教渐盛，萧衍也三番五次地舍身入空门。第一次是到同泰寺"舍身"，做了四天和尚后，萧衍便被接回去。后来想想不对，因为按当地的风俗，和尚还俗，要出一笔钱向寺院"赎身"。皇帝当和尚赎身，怎么能够例外，更应该做出表率。

这时，有位印度僧人菩提达摩不远万里来到东土。萧衍获悉远方高僧到来，立即命令地方官吏马上将其护送入都，亲自于内殿召见，谈论佛理。然而没过多久，达摩见话不投机即告辞出来，后来渡江至嵩山少林寺传经授徒，竟成为中国禅宗第一世祖。

公元529年秋，萧衍再次来到同泰寺，他脱去御衣换上法衣，宛如一位入寺多年的老僧，第二天讲完经后，又将肉身舍入寺中，自号三宝奴。如此过了十天，大臣们出巨资请求赎回皇帝。萧衍语意恳切，竟然对群臣用"顿首"之辞，声称既已舍身入寺就绝无返俗之意。群臣连连劝谏，萧衍才极不情愿地回到官中。

第三次是在546年，萧衍还是来到同泰寺中舍身，这次赎身的钱翻了一番，这位和尚皇帝才回到皇宫。一年后，萧衍因侯景来降，认为是佛祖保佑，于是又演出一场舍身闹剧。

◎文苑拾萃

《梁书》

《梁书》部分出于姚察之手，由姚思廉编撰。本书包含本纪6卷、列传50卷，无表、无志。它主要记述了南朝萧齐末年的政治和萧梁皇朝50余年的史事。其中有26卷的后论署名为"陈吏部尚书姚察曰"，说明这些卷是出于姚察之手，这几乎占了《梁书》的半数。姚思廉撰《梁书》，除了继承他父亲的遗稿以外，还参考了梁、陈、隋历朝史家编撰《梁史》的成果。

该书最大的特点是引用文以外的部分不以当时流行的骈体文书写，而以散文书写。

狄青让功显德

◎见贤能让，则大臣和同。——《管子》

狄青（1008—1057），字汉臣。北宋汾州西河（即今山西文水西糟头乡狄家社）人。面有刺字，善骑射。出身贫寒，宋仁宗宝元元年（1038年）为延州指挥使，勇而善谋。在宋夏战争中，他每战披头散发，戴铜面具，冲锋陷阵，立下了累累战功。朝廷中尹洙、韩琦、范仲淹等重臣都与他的关系不俗。范仲淹授以《左氏春秋》，狄青因此折节读书，精通兵法，以功升枢密副使。平生前后25战，以皇祐四年（1052年）正月十五夜袭昆仑关最著名。

皇祐四年是宋朝的多事之秋，就在这一年，广西少数民族首领侬智高起兵反宋，自称仁惠皇帝。他招兵买马，攻城略地，一直打到广东。宋朝统治者十分恐慌，几次派兵征讨，均损兵折将，大败而归。就在举国骚动，满朝文武惶然无措之际，仅上任不到3个月的枢密副使狄青自告奋勇，上疏请行。宋仁宗十分高兴，任命他为宣徽南院使，宣抚荆湖南北路，经制广南盗贼事，并亲自在垂拱殿为狄青设宴饯行。

鉴于唐末五代武人专政，兵变频仍之弊，宋自开国以来，极力压低武将地位，以绝其觊觎之心，把右文抑武作为基本国策。从宋太祖的"杯酒释兵权"分割禁军统帅权力，到实行"更戍法"使兵不知将，将不知兵，直至发展到凡将帅出征，要由朝廷授以阵图、训令，将帅只能按图作战的荒唐地步。在这样的政治环境中，随着狄青官职的升迁，朝廷对他的猜忌也在逐步加深。

狄青为人谨慎，少言寡语，他谋划事情一定看准时机才发表意见。每逢带兵打仗，他必定先整顿队伍，明确赏罚制度，并且与士兵们同甘共苦，即使敌人突然进犯，也没有一个士兵退缩。所以他每逢出兵，必定会建立功勋。他常常把功劳推让给辅佐他打胜仗的部将。起初，他与孙沔共同攻打贼寇，计谋全出于狄青，贼寇被荡平，待到论功行赏，狄青便把功劳全部推给了孙沔，自己退后却毫不在意。孙沔开始是赞叹狄青的勇武不凡，不久就叹服他的高尚为人，认为自己远不如狄青。

北宋重文轻武的国策，最终自食其果，在后来的战争中，一直处于被动的地位。到宋神宗登基，希望重振国威，但又苦于朝中没有能征善战之人，这才又思念起了狄青。他亲写祭文，派使者到狄青家祭奠之灵，并将狄青的画像挂在禁中。但已于事无补，他只能是叹息国势日颓，发思古之幽情而已。

◎故事感悟

狄青为一代名将，虽然一生战功卓著，但他从不居功自傲，而是将战功拱手让人。这充分体现了他的宽广胸怀和高尚的品德。

◎史海撷英

狄青之死

嘉祐元年（1056年）八月，仅做了4年枢密使的狄青终被罢官，但因无过，被加宰相衔（同中书门下平章事），民间称"从士兵到元帅、从布衣到宰相"，出知陈州，离开了京师。

到陈州之后，朝廷仍不放心，每半个月就遣中使，名曰抚问，实则监视。这时的狄青已被谣言中伤搞得惶惶不安，每次使者到来他都要"惊疑终日"，唯恐再生祸乱，不到半年，便发病郁郁而死。这位年仅49岁，曾驰骋沙场，浴血奋战，为宋王朝立下汗马功劳的一代名将，没有在兵刃飞矢之中倒下，没有血染疆场，没有马革裹尸，却死在猜忌、排斥的打击迫害之中。

◎文苑拾萃

书 愤

（南宋）陆游

早岁哪知世事艰，中原北望气如山。

楼船夜雪瓜洲渡，铁马秋风大散关。

塞上长城空自许，镜中衰鬓已先斑。

出师一表真名世，千载谁堪伯仲间。

耶律休哥让功得众

◎凡过于把幸运之事归功于自己的聪明和智谋的人，
多半是结局很不幸的。——格言

耶律休哥（938—998），字逊宁。辽代中期著名将领。契丹族，耶律倍、耶律德光族兄弟。隋国王耶律释鲁之孙，辽太祖族兄、南院夷离堇耶律绾思之子。世宗、穆宗族叔，景宗叔祖，圣宗同族曾祖。初为郎君，应历末年，官惕隐。景宗乾亨二年（980年）为北院大王，拜于越，总南面戍兵。圣宗统和元年，为南京留守、南面行营总管，总边事。四年，封宋国王。十六年薨，圣宗诏立祠南京。耶律休哥戎马一生，自高梁河之战始，至徐河之战止，经历了宋太宗一朝辽宋战事全程。他作战时"智略宏远，料敌如神"，有勇有谋，胜多而败绝少；平日里"均戍兵，立更休法，劝农桑，修武备"，保境安民，是辽代文武双全的人才。

穆宗应历十五年（965年），耶律休哥随北府宰相萧干征乌古、室韦等部。应历末年，他又任惕隐，掌皇族政教。保宁五年（973年），耶律休哥率兵西伐党项，大胜而归。乾亨元年（979年），南京（今北京）被围，耶律休哥奉诏领五院军救援。七月，与耶律斜轸大败宋军于高梁河，宋太宗仅以身免。十月，耶律休哥随燕王韩匡嗣与宋兵战于满城，识破宋诈降计，规劝匡嗣严兵以待，遭拒，中计，军溃，他整兵救援，解围。二年（980年），耶律休哥擢北院大王，总南面戍兵。十月，随景宗南下，围瓦桥关（今河北雄县），败宋兵，追至莫州（今河北任丘）。十二月，耶律休哥拜于越（最高荣誉衔，授有殊功者）。乾亨四年（982年）九月，任南面行军都统。翌年，迁南京留守，并特许伺机处事。任内，均戍兵，立更休法，劝农桑，修武备，边境大治。统和四年（986年），耶律休哥面对宋军三路进攻。避免正面作战，他出奇兵、

夜袭薄弱，昼疲敌军，断绝粮道，致使宋军疲惫，进展缓慢。五月，他与援军大败宋军于岐沟关（今河北涿县西南），追至拒马河。继率军西助耶律斜轸，收复寰州（今山西朔县东北）、朔州（今山西朔县），擒宋军名将杨业。因功晋封宋国王。十一月，任先锋都统，随圣宗南伐，十二月，败宋军于望都、君子馆（今河北河间北），尽歼刘廷让军。六年（988年）九月，耶律休哥再随圣宗亲征，十一月，在唐河受挫，寻攻满城，下祁州（今河北安国）。次年三月，因功，准入内神帐行再生礼。五月，与宋军战沙河北，获胜，以功特赐免拜不名。六月，与排亚破宋兵于泰州（今河北保定）。七月，在徐河附近遭宋军袭击，伤臂。他一生征战，声名远震，史称"虽配古名将，无愧矣"。

耶律休哥长年征战，深知百姓因战乱处于水深火热之中。他体恤燕地人民因多年战乱而疲惫、困苦，实行减少赋税、徭役，关心孤寡百姓的政策，并告诫士兵不要侵犯宋朝边境，即使宋朝人的牛马走失到辽国境内，也都要送还给失主。远近百姓为此都感化而心向于他，边境得以安宁。

耶律休哥有勇有谋，远见卓识，而且料敌如神。每次打了胜仗，都把功劳让给各位将领，所以将士们都愿意为他效命。他身经百战，未曾杀害一位无辜的人。

◎故事感悟

作为一员大将，要想手下的将士为他冲锋陷阵，不但要有过人的本领和胆识，还要有让人佩服的地方，这样的将领才能带出勇敢的兵。耶律休哥就是这样一位推功于众、令人佩服的人。

◎史海撷英

岐沟关之战

北宋雍熙三年（986年），正月，宋太宗下诏命三路大军北伐契丹。

曹彬所率的东路军三月十三日即攻下涿州，耶律休哥以精锐坚守涿水之北，另一方面置伏兵截断宋军粮道。宋军在涿州停留十余日，粮草用尽。四月初，曹彬无奈，退师回雄州取粮。契丹军奚王筹宁、北面大王蒲奴宁、统军使颇德等率兵追击宋军，皆胜。四月十八日，契丹夺回涿州。宋太宗严令进击，诸将争功心切，曹彬只得裹粮再往涿州，途中不断遭到耶律休哥的袭扰。宋军结方阵堑地两边而进，天气炎热，又屡被袭扰，全军困乏无力，粮草又不继，十分狼狈。耶律休哥扎营于涿州南，萧太后率大军又至。曹彬虽复得涿州，却只得撤退。五月初三日，萧太后与耶律休哥等军在岐沟关追上宋军，宋军力穷，环粮车守御。耶律休哥以兵围之，又以轻骑出宋军侧背以断其粮道。当天夜里，曹彬、米信弃军而走，以数骑遁去，宋军溃散。曹彬等收集余众夜渡拒马河，扎营于易水之南，在河边造饭。耶律休哥又引追兵赶到，宋军望风而逃，互相踩踏、溺死河中者不可胜计，幸亏宋将李继宣率所部力战拒马河上，契丹军追兵才被遏止。宋军疾涉拒马河，拥挤践踏，死者过半。宋军余众奔高阳，丢弃的盔甲堆积如丘陵。耶律休哥向萧太后呈请继续追击，乘胜略地至黄河为界，太后不从，见好就收，命班师还南京。

◎文苑拾萃

伏虎林待制

（辽）萧观音

威风万里压南邦，东去能翻鸭绿江。
灵怪大千俱破胆，那教老虎不投降。

徐达居大功而礼让

◎一知半解的人，多不谦虚；见多识广有本领的人，
一定谦虚。——谢觉哉

> 徐达（1332—1385），明朝开国军事统帅。字天德。濠州钟离（今安徽凤阳东北）人。初朱元璋为郭子兴部将，往归之。从南略定远，取和州。渡江拔攻城取拔寨，皆为军锋之冠，后为大将，统兵征战。吴元年，为左相国，拜大将军。洪武初累官中书右丞相，封魏国公，追封中山王。

　　徐达治军严明，不仅要求部下听从号令指挥，"令出不二"，而且严禁他们骚扰百姓，"有违令扰民，必戮以徇"。他还注意优待俘虏，以此分化瓦解敌人。凡是俘获敌军将士和间谍密探，他都"结以恩义，俾为己用"。所以他带兵出征，特别是在率军北伐过程中，经常出现"大军勘定者犹少，先声归命者更多"的局面。

　　作为一名杰出的将领，徐达不仅具有出色的军事才能，而且具有许多优秀的品德。他严于律己，能与士卒同甘共苦。在元末群雄并争之时，许多人一旦为将握兵，即"多取子女玉帛，非礼纵横"，过着穷奢极欲的生活。但徐达不贪女色，不图货利。他攻占平江及大都之后，"封姑苏之府库，置胡宫之美人财货无所取，妇女无所爱"。徐达平时在南京住在一所低湿狭小的房子里，朱元璋几次想给他换一所较好的房子，他都推辞了，说："天下未定，上方宵衣旰食，臣敢以家为计？"出征之时，遇到军粮不足，士卒吃不饱饭，他就不饮不食，不进营帐休息。士卒生病负伤，他前去探视慰问，给予医药治疗，"士无不感恩效死，以故所向克捷"。

徐达"以智勇之资，负柱石之任"，为明王朝的开创立下了盖世之功。明朝建立后，徐达被朱元璋授为太傅、中书右丞相，后封魏国公，并授其长女为燕王妃，次女为代王妃，三女为安王妃。尽管劳苦功高、地位显赫，但徐达依然谦虚处世，从不居功自傲。每次"功成而还，拜上印绶，待命于家，略无几微矜伐之色"。尤为可贵的是，徐达能摆脱乡土观念的羁绊，不和同乡拉帮结派，没有卷进淮西集团的是非之争。淮西集团的骨干胡惟庸见徐达功劳大、威信高，"欲结好于达"，他根本不予理睬。胡惟庸又"赂达阍者福寿使图达"，福寿向徐达告发，徐达便不时提醒朱元璋："胡惟庸这种人不适合当丞相。"后来，胡惟庸因谋反被杀，朱元璋想起徐达的话，更加敬重他。

◎故事感悟

徐达为明朝的建立居功至伟，他为朱元璋扫平天下，是明朝的开国元勋。他一生屡建奇功，但从不居功自傲。徐达的才干得到了朱元璋的赏识，他的人品得到了朝野上下的赞扬。

◎史海撷英

徐达的才干

徐达从小没有机会上学读书，但却有着强烈的求知欲。每逢带兵出征，常"延礼儒士，说古兵法"。归朝之日，又经常"单车就舍，延礼儒生，谈论终日"，因此熟知兵法。他还善于通过战争锻炼自己的军事才干，具有驾驭整个战争发展变化的能力和高超的指挥艺术，不仅作战勇敢，而且"尤长于谋略"。如洪武元年攻占大都后，朱元璋令孙兴祖留守，徐达与常遇春攻取山西。北逃的元顺帝派部将扩廓帖木儿自太原北上，出雁门关，入居庸以攻北平。徐达闻讯，对诸将说："扩廓远出，太原必虚。北平有孙都督在，足以御之。今乘敌不备，直捣太原，使进不得战，退无所守，所谓'批亢捣虚者'也。"于是引兵直取太原，扩廓帖木儿急忙回师救援，结果遭到徐达的夜袭，大败逃往宁夏。

◎文苑拾萃

澜渡秋声

徐 达

一道卉流下碧湍，西风激浪响潺乜。

此时莫入吟翁耳，正送将军海上还。

郝和尚拔都功不独占赏不独享

◎让得祥，争得殃。——魏源《默觚》

> 　　郝和尚拔都（？—1252），安肃州（今徐水县）人。少时被蒙古所掠，以游牧为生。后常随军征战，善骑射，通译语。元太祖年间，出使南宋，以能言善辩著称。字儿只斤拖雷元年（1228年），出任九原府主帅，驰骋疆场，屡建战功，赐佩金符。宪宗二年（1252年）卒，追赠太保仪同三司、冀国公、谥忠定。

　　太宗窝阔台二年（1230年），郝和尚拔都奉命率兵进攻南宋领地潼关、陕西。太宗七年（1235年），他随皇子南下至襄阳，宋兵40万在汉水迎战，郝和尚拔都一马当先，率数百人冲入宋营阵角，大败宋军。次年又随都元帅塔海征蜀，南宋以重兵防守，他领敢死队12人乘夜入关，里应外合，破关入蜀直捣大江。宋义以30万大军固守南岸，郝和尚拔都选精兵9人，乘轻舟悄然登岸，横驰宋阵，喊杀声起，蒙古大军乘乱而进，宋军溃败。

　　此战后，太宗召见郝和尚拔都，解衣数其争战疮痕21处，遂嘉封为宣德、西京、太原、平阳、延安五路军民万户，赐佩金虎符，统兵2万。乃马真后三年（1244年），得赐银，郝和尚拔都坚辞不受，言战功是将士协力而得，不得独受，于是众人均得赏赐。定宗三年（1248年）正月，郝和尚拔都奉诏出治太原，时值灾荒，他自出白银、粮食救济灾民，并减免过重的租税、盐课，深得民心。

◎故事感悟

郝和尚拔都作战勇敢，有勇有谋，屡立战功，在皇帝进行赏赐时，他却得赏而不独受，与将士们分享。他这种不居功、不得利于前的精神，令人敬佩。

◎史海撷英

元初被掠汉童习蒙语

在蒙元帝国前期大规模的军事征服中，蒙古军队经常掳掠中原工匠、妇女和儿童，作为贵族及军士的私属人口。前四汗阶段最早学习和掌握蒙古语言文字的，正是那些被掳掠北上的汉族幼童。

如太祖九年，蒙古军攻略燕京以西，12岁的刘敏被掳分隶某将帅，后主动请求改属成吉思汗斡耳朵，"不三四年，诸部译语，无不娴习，稍得供奉于上前……进退应对，无不曲中圣意"，还能用蒙古语翻译和御前奏对。"九岁而孤"的王德真，被俘于野狐岭，成吉思汗"喜其头颅不凡，命官掖抚养之"，耳濡目染，"三年通蒙古语言，译说辩利"，"出入提携之"。后充怯薛"奉御"，兼掌二皇后宫政，忽兰皇后"抚之如子"，称为"怯怜口"（蒙古语，意为"家中儿郎"）。郝和尚拔都9岁为蒙古军所掠，"隶乞忒郡王帐下"，"令给事左右，朝夕未尝离。稍长，精通译语"。

类似情况还有：14岁留充窝阔台宿卫的石天麟；10岁被掳"遂徙朔方"的张雄飞；14岁"被俘至杭海"，入侍忽必烈藩邸的张惠；11岁始"给事"察必皇后的梁德珪等。他们的家世籍贯虽异，却都有幼年被掳掠到漠北草原和"给事"蒙古贵族军将的共同经历，这使他们能很快掌握蒙古语言，受蒙古文化影响很深。

◎文苑拾萃

离亭宴煞

（元）马致远

蛩吟一觉才宁贴，鸡鸣万事无休歇。争名利，何年是彻。密匝匝蚁排兵，乱纷纷蜂酿蜜，闹穰穰蝇争血。裴公绿野堂，陶令白莲社。爱秋来那些：和露摘黄花，带霜烹紫蟹，煮酒烧红叶。人生有限杯，几个登高节。嘱咐俺顽童记者：便北海探吾来，道东篱醉了也。

于谦不为子滥领军功

◎过而不改，是谓过矣。——《论语·卫灵公》

> 于谦（1398—1457），字廷益。号节庵，官至少保，世称于少保。明代名臣，民族英雄。永乐十九年进士。宣德初授御史，出按江西，迁兵部右侍郎，巡抚河南、山西。正统十四年召为兵部左侍郎。土木之变，明英宗被俘，郕王朱祁钰监国，擢兵部尚书。

京师保卫战胜利后，于谦居功至伟，但他"口不言功"，功归下级。而石亨的战功虽远不如于谦，却被朝廷封世袭侯爵，在于谦之上。受封之后，石亨自觉内疚心愧，想报答于谦的提拔和栽培。

于谦之子于冕在军中当兵。德胜门大捷后，石亨上疏保奏于冕做都督府前卫副千户要职。代宗下诏，召于冕赴京师。于谦一方面恳辞，坚决谢绝了朝廷的好意；另一方面严责石亨，"国家多事，臣子义不得顾私恩。且石亨为大将，不闻举一幽隐，拔一行伍微贱，以裨军国，而独荐臣子，于公议得乎？臣于军功，力杜侥幸，绝不敢以子滥功。"同时，于谦还说："纵臣欲为子求官，自当乞恩于君父，何必假手于石亨！"批评石亨不该利用职权，拉私人关系，随便封官许愿。

在"争名于朝，争利于市"、父荣子贵的封建社会，于谦身为兵部尚书，其官职可谓一人之下，万人之上，竟能如此严于律己，实在令人敬佩。于谦的将德由此小事可见其博大和风范。这种"义不顾私"，不为子"滥军功"的精神，对于团结部将、鼓舞士气产生了巨大的影响。

◎故事感悟

　　于谦是在国家危难之时挺身而出的，并为国家作出了巨大贡献。可是于谦并未因己功而接受皇帝对儿子的封赏，而是坚持原则，谢绝了朝廷的好意，严责了多事的石享，为我们作出了表率。

◎史海撷英

青少年时代的于谦

　　于谦在6岁的时候，到私塾从师读书。他极为聪慧，过目成诵。

　　于谦读书，进步很快。8岁时，读经书疏通大旨，常有精辟见解，又善于属对。老师对他赞不绝口。当时有"神童"之称。

　　10岁的于谦，已经读遍了经书。从这一年开始，他学习古文词，总好学不倦。后来登上仕途，回忆童年的生活，在《忆老婢》的诗中，他这样写道：

　　　　　我昔少年时，垂髫发如漆。
　　　　　锐意取功名，辛苦事纸笔。
　　　　　我壮忝科名，旋登显要职。
　　　　　老婢亦欣慰，且言所愿毕。

　　诗中不仅写"辛苦事纸笔"的刻苦攻读，而且写了小小年纪就立下了"锐意取功名"的宏愿。

　　少年立志的于谦为了实现自己的志愿，12岁离家，寄读于慧安寺，以便能在安静的环境中专心攻读。此后，他的学识大增。有一次，父亲在家中宴请宾客，席中客人盛赞解缙（洪武二十一年进士，官翰林学士兼有春坊大学士，曾主持编纂《永乐大典》）所撰试录，父亲问于谦是否读过，于谦朗朗背诵，一字不漏。客人无不赞叹。

　　于谦不仅读的书多，而且文章也写得好，所以他的文名一天比一天大起来。自己并不以此为满足，继而又潜心于诗赋。

永乐十年（1412年），15岁的于谦经过岁考，被录取为钱塘县儒学生员（秀才）。第二年，于谦和友人高孟升等，在吴山三茅观继续苦读。此时于谦留心于史学，喜欢读唐朝政治家陆贽奏疏，写文章取法秦、汉文体及苏轼。在历史人物中，于谦崇敬文天祥，这是祖父对他的影响。祖父因为崇敬文天祥的忠烈气节，所以在座侧敬奉着文天祥的遗像。由此，年轻的于谦也就倍加敬仰有民族气节的人。

◎文苑拾萃

寄　内

（明）于谦

结发为夫妻，恩爱相两好。

生男与育女，所期有偕老。

我生叨国恩，显宦亦何早。

班资忝亚卿，巡抚历边徼。

自渐才力薄，无功答穹昊。

勉力效驱驰，庶以赎天讨。

汝居辇毂下，闺门日幽悄。

大儿在故乡，地远音信杳。

二女正娇痴，但索梨与枣。

况复家清贫，生计日草草。

汝惟内助勤，何曾事温饱。

而我非不知，报主事非小。

忠孝世所珍，贤良国之定。

尺书致殷勤，此意谅能表。

岁寒松柏心，彼此永相保。

马祖光甘当人梯

◎无为其所不为，无欲其所不欲，如此而已矣。——《孟子·尽心上》

> 马祖光（1928—2003），1946—1950年在青岛山东大学物理系学习。1950年9月到哈工大工作，同时在研究生班学习。在学习期间，他被抽调到物理教研室任副主任、讲师。1952年10月加入中国共产党。1958年8月至1970年，他创办了核物理专业，任主任、副教授。1970年，他创办了哈工大光电子技术专业（原激光专业）。1979年8月至1981年11月，他在LambdaPhysiks公司和Hannover大学作访问教授。回国后，任光电子教研室主任、教授，同时担任哈工大光电子技术研究所所长。1994年，他创建了国家级重点实验室（可调谐激光技术重点实验室），任主任。1996年，任哈工大光电子研究所名誉所长。从1986年6月开始，任哈工大物理电子学博士生导师。2001年被评为中国科学院院士。从1982年开始，他分别担任《光学学报》编委、《光谱学与光谱分析》常务编委、《量子电子学》编委和黑龙江省光学学会理事长。2003年7月15日病逝于北京，享年75岁。

　　马祖光是一位名列《光学科学与工程世界名人录》的中国著名科学家。在激光领域里，马祖光以自己的智慧和勤奋取得了令人瞩目的成就，在培养年轻科技工作者中，他谦恭礼让、甘为人梯的精神也赢得了人们的敬仰。

　　哈工大激光教研室研究的课题，大都是马祖光在原联邦德国工作的继续。教研室教师和研究生都是根据他提出的研究方向选定课题，并在他定期检查、亲自指导下工作。四年中，他发表了近20篇论文。按理说，这些论文都是以他为主取得的成果，每篇论文署名时别人总是把马祖光排在第一位，但马祖光立即把自己的名字勾到最后一位，改过来，勾过去，反复多次。最后论文

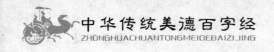
发表时，马祖光仍是排在最后。

《紫外激光激励钠二聚物的2.50—2.56微米激光》是根据马祖光的理论首先发表的，属于世界前沿的重大成果，马祖光决定让讲师刘国立到全国激光研究会上去宣读论文。刘国立到会后，接到后寄来的论文稿，才知道马祖光把原先定好的署名顺序改了，刘国立排在了第一位，马祖光仍然在最后。刘国立只得在会上更正。回到哈尔滨，刘国立埋怨马祖光说："您怎么不尊重大家的意见呢？"马祖光笑了笑，十分恳切地说："你们做了大量工作，成果应该是你们的。"

有人不解地问马祖光："你在国外把名看得那么重，在国内却看得这么轻，为什么呢？"

"在国外，我是要争，因为我争的是国名；在国内，我是要让，因为我让的是个人名。"

大家看到马祖光总是把自己积累的资料和研究成果送给别人，就说他太"傻"，马祖光却风趣地说："楚人失马，楚人得之，都在中国，还不能算失。"大家对马祖光坦荡的心胸以及甘当人梯的精神都十分敬佩。

◎故事感悟

很多知识分子为了中国改革开放发展贡献卓著，像马祖光这样甘为人梯，为国家的科技进步铺路搭桥者更是大有人在，值得新一代的科学工作者好好学习。

◎史海撷英

"863"计划

1986年3月，王大珩、王淦昌、杨嘉墀、陈芳允四位老科学家致信中央，提出要跟上世界先进水平，发展中国高技术的建议。这封信得到了邓小平同志的高度重视，邓小平同志亲自批示："此事宜速决断，不可拖延。"经过广泛、全面和极为严格的科学和技术论证后，中共中央、国务院批准了《高技术研究发展计划

（"863"计划）纲要》。从此，中国的高技术研究发展进入了一个新阶段。多年来，在党中央和国务院的正确领导下，在有关部门的大力支持下，经过广大科技人员的奋力攻关，"863"计划取得了重大进展，为中国高技术发展、经济建设和国家安全作出了重要贡献。

"863"计划是在世界高技术蓬勃发展、国际竞争日趋激烈的关键时期，中国政府组织实施的一项对国家的长远发展具有重要战略意义的国家高技术研究发展计划，在中国科技事业发展中占有极其重要的位置，肩负着发展高科技、实现产业化的重要历史使命。根据中共中央《高技术研究发展计划（"863"计划）纲要》精神，"863"计划从世界高技术发展的趋势和中国的需要与实际可能出发，坚持"有限目标，突出重点"的方针，选择了生物技术、航天技术、信息技术、激光技术、自动化技术、能源技术和新材料7个高技术领域作为中国高技术研究发展的重点（1996年增加了海洋技术领域）。其总体目标是：集中少部分精干力量，在所选的高技术领域，瞄准世界前沿，缩小与发达国家的差距，带动相关领域科学技术进步，造就一批新一代高水平技术人才，为未来形成高技术产业准备条件，为20世纪末特别是21世纪初中国经济和社会向更高水平发展和国防安全创造条件。为此，国家每年都要为"863"计划投入千亿元人民币以上的巨资。

◎文苑拾萃

科技是第一生产力

迎接新世纪的挑战，科技是关键。邓小平说："科学技术是生产力，而且是第一生产力。"中国制定和实施了一系列发展科学技术的政策和计划，科技工作在三个层次上向纵深展开。科技第一生产力的巨大作用，科技进步的重要意义，逐步被全社会所接受。

张雁荣获金鸡奖之后

◎处其厚，不居其薄；处其实，不居其华。——《道德经》

张雁（1918—1997），生于陕西兴平。中国影视演员。曾参加西安民教馆实验话剧团。1938年入四川江安国立戏剧专科学校表演系。1941年毕业后任中央青年剧社演员。抗战胜利后到上海参加影片《遥远的爱》的拍摄。1949年后任上海电影制片厂演员。1978年任北京电影制片厂演员。1982年因饰演《月亮湾的笑声》中的江冒富，获第二届金鸡奖最佳男主角。

著名电影演员张雁，在50多年的艺术生涯中，扮演过无数个"小人物"，没想到花甲之年竟荣获中国电影界的最高奖——"金鸡奖"最佳男演员称号。他也是中国影坛设金鸡奖以来，第一个男主角的获得者。

1980年，张雁应邀在电影《月亮湾的笑声》中饰演剧中主角江冒富。由于他真实、细腻、自然的表演，使影片大获成功，他也因此而一举成名。

张雁成了名人，汽车上、菜市场、饭馆里、服装店，无论他走到哪儿，大人孩子一眼就认出他，高喊："冒富大叔！"张雁可并没有为此而陶醉，他推心置腹地对同行们说："艺术上我是幸运的。我深知并不是因为我得了奖，就比别人强多少。我的老朋友中有很多功力非常深的，他们没能像我这样，只是缺少机会，只是因为没碰到一个合适的角色而已。"他常对青年演员说："演员是观众的偶像。你演坏人，别人也不认为你是坏人，你是给人一种艺术享受；你演好人，别人更高看你。演员如此，名演员更是如此，一个演员任何时候都要严格要求自己，一点坏事也不能干。"

他幽默地说："有时候我出门就笑，见人就笑，笑得嘴角上去都下不来了。为什么？人家不是喜欢我，而且喜欢剧中的角色。有些人演了位英雄，就认为自己是英雄了，把观众对人物的热爱当做对自己的热爱，那是十分可悲的、可怜的。"

1982年，在北京新侨饭店一次中国电影家协会会议上，影协主席夏衍说："《大众电影》期期都是女人头，美女像能不能换换？"《大众电影》负责人说："夏老的意见提得好，我们下一期杂志就发张雁的头像！"当时在场的张雁幽默地说："咱们可有话在先，你如果发我的照片，下期《大众电影》卖不出去，我可不负责呀！"

果然，这期刊物少发行60万册。

事后，张雁说："演员的职业是一个十分危险的职业。之所以危险，就是因为如果不能正确地认识自己，把握自己，最终将会葬送自己。名利，还是看得淡一点好。人生的真正意义不在于你得到了什么，而是你努力了没有，你奋斗得怎么样！"

◎故事感悟

张雁是中国20世纪50年代的著名演员，是中国电影金鸡奖的最佳男主角获得者。他在得奖后，不但没有陶醉，反而更加谦虚谨慎。这种品格令人叹服。

◎史海撷英

张雁的演艺生涯

张雁中学时期在西安读书，曾参加西安民教馆实验话剧团。1938年入四川江安国立戏剧专科学校表演系学习，1941年毕业后任中央青年剧社、剧专剧团演员。

抗战胜利后，他在上海任中电二厂演员，先后在舞台上饰演了众多的角色。1947年在《遥远的爱》等影片中饰演角色。

新中国成立后张雁任上海电影制片厂演员，1978年任北京电影制片厂演员，先后在《三毛学生意》、《淮上人家》、《兰兰和冬冬》、《布谷鸟又叫了》、《大风浪里的小故事》、《燎原》、《火红的年代》、《平鹰坟》、《婚礼》、《楚天风云》等十多部影片中塑造了一系列不同类型的银幕形象。1982年因在影片《月亮湾的笑声》中以朴素、自然的表演风格塑造了农民江冒富的银幕形象，获第二届中国电影金鸡奖最佳男演员奖。

张雁一生专注表演事业，后来曾主演影片《出门挣钱的人》、《白杨树下》、《最后的太阳》、《人间恩怨》等不同类型的电影，继续创作不同的银幕形象。

◎文苑拾萃

中国电影金鸡奖

中国电影金鸡奖是由中国电影家协会于1981年创办的，是中国电影界专业性评选的最高奖。至2009年已举办了27届，金鸡奖奖品为铜质镀金的金鸡状奖杯。它以奖励优秀影片和表彰成绩卓著的电影工作者为宗旨，对促进中国电影产业的发展具有重要意义。

第二篇

让位不显

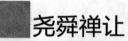

尧舜禅让

◎铁一般的事实是不会给金子般的幻想让位的。——格言

> 　　唐尧（约前2377—前2255），姓伊祁，名放勋，史称唐尧。在唐地伊祁山诞生，随其母在庆都山一带度过幼年生活。15岁时在唐县封山下受封为唐侯。20岁时，其兄帝挚因为形势所迫让位于他，成为中国原始社会末期的部落联盟长。他践帝位后，复封其兄挚于唐地为唐侯，他也在唐县伏城一带建第一个都城，以后因水患逐渐西迁山西，定都平阳。唐尧在帝位70年，90岁禅让于舜，118岁时去世。

　　唐尧和虞舜，是中国古代传说中两个最受人尊敬的人物，甚至被称为智慧的化身、圣贤的典范。他们那种为人民操劳的精神，以大局为重而不谋私利的品德，任人唯贤和广泛听取意见的作风，精心挑选和在实践中考察培养接班人的方法……都反映了我们中华民族的优良传统和人民的愿望。

　　当时，尧担任部落联盟的最高首领已经70年了。突然，黄河流域暴发水灾，洪波浩渺，一片滔滔，田园被淹没，牲畜被冲散，人民的生命财产受到严重威胁。尧很忧虑，但是自己老了，精力不够，儿子丹朱又是个不虚心学习的人，只喜欢和别人争论一些毫无意义的是非，尧认为像丹朱这样的人是不会踏踏实实为人民做事的。怎么办呢？他和几个亲密的助手商量，问他们哪一个能够接替他的工作。那些助手们都说自己能力不够，不能承担这个责任。尧说："既然这样，那你们就推荐一个人吧！只要这个人德才兼备，不管是近亲或远戚，不管是官员或平民，都能接替我。"那些助手们说："在冀州有个人名叫虞舜，是一般平民，靠种田捕鱼为生，有时还从事一些手工劳动。他勤劳、诚恳、朴实，特别是他在家庭关系上处理得很好。他父亲名叫瞽叟，眼睛失明，母亲早死，其父再娶，弟弟名象，是后母所生。后母最不讲理，弟弟仗着母亲的宠爱对舜很傲慢，父亲听了后母的挑拨也不喜欢舜，他们三个人曾经几次合谋想把舜置于死地。舜在这样的情况下，对父母还是很孝顺，对弟弟还是很友爱，所以后来一家人过得很和睦。"

尧听了大家对舜的介绍以后，认为可以，但是不放心，还是要亲自仔细考察一下。当时，舜30岁了，还没有结婚，尧就把自己两个心爱的女儿娥皇和女英嫁给他，要她们看看舜在处理家庭关系上是不是真的像人们所说的那样。同时，又要9个儿子和舜在一起工作，看看舜在劳动上、在与人相处时的表现。

舜成亲以后，要求妻子们孝敬公婆，尽儿媳的职责，对弟弟要关心照顾，尽嫂子的本分，并没有因自己家庭地位低贱、妻子出身高贵而破坏家庭的规矩。尧的9个儿子和舜在一起工作，舜对他们要求很严格，一点也不迁就。舜在历山开荒种地，由于他和气谦让，使在一起开荒种地的人都能互让田界，融洽相处，从没有发生过争执。舜在河边做陶器，仔细认真，如有一点不合规格就重做。而其他的人却不是这样，十分马虎，做出来的陶器不但粗糙，而且十之八九是歪歪斜斜、凹凸不平的。他们看见舜那样专心耐性，精益求精，既惭愧，又羡慕，便慢慢地学他的样子把陶器做得精致了。舜的优秀品德和工作作风，在人民中产生了强大的感召力，大家都愿意亲近他。他住的地方本来是偏僻的，但一年后就变成村落，两三年以后就成了非常热闹的城镇。

尧招舜为女婿以后，赏给他很多高级布料和一架名贵的琴，还给他修建了粮仓，给了他一群牛羊。舜富裕起来了，象非常妒忌，一心要暗害舜。有一次，象和他母亲商量好了，对瞽叟说："家里的谷仓漏雨，是不是请舜去修整一下？"往常，家里的重活都是由舜承担，这次当然也不例外。娥皇和女英在舜去修仓的时候，各取了一个大竹笠给他遮太阳。舜搭好梯子爬上了仓顶，没有多久，谷仓下面突然起火。仓顶是茅草盖的，一着火就迅猛地燃烧起来，顿时，只见一团团火焰不断升起，烫得舜皮肉通红。舜急忙寻找梯子，梯子却不知去向。原来，火是象放的，他在放火后立即把梯子搬走了。在这万分危急的时候，舜双手各举一个大竹笠，像鸟的翅膀一样，冒险朝地面跳去。这时，火大风狂，竹笠被风张开，舜飘飘荡荡地落到离谷仓较远的地方，侥幸脱险了。

舜虽然知道这是象和他母亲设的圈套，却并不和他们计较。象一计不成，又生一计。他去和母亲商量，要瞽叟叫舜去修井。于是，瞽叟对舜说："这几天不下雨，井水较浅，你下井去把泥沙淘干净，把它挖深一点。"舜有了上次的教训，心想，这可能又是象的什么诡计。但舜对父亲的安排，从来是不违抗的。舜回到房中把修井的事告诉妻子们，临行的时候，两位妻子各去拿来一柄短斧给舜，并嘱咐他下井以后要小心。舜下到井中，先不去淘泥沙，而是用两柄短斧在井壁上挖了一个洞。洞刚刚挖好，便听到象在上面叫他，舜答应了一声。象知道舜的确在井里，急忙和瞽叟一起动手向井里推下大量泥土和石块。他们填塞了一会儿，估计舜一定被压死在里面了，象满心欢喜，跑到母亲那里手舞足蹈地说："这个妙计是我想出来的，现在我们可以来分哥哥的东西了，他的粮仓和牛羊归你和父亲，两个嫂嫂以及舜的琴等用具归我。"

象打着如意算盘，得意洋洋地跑去接收舜的财产。他在舜的房里摸摸这，看看那，踌躇满志，心想：这一切都是我的了。他坐在那架向往已久的琴前，欣赏了一会儿，就弹奏起欢快的乐曲来。正在这时，舜从外面进来了，看见象，和他打了个招呼，象不觉大惊失色，满脸通红，连忙转身就跑。

这是怎么回事呢？原来舜早料到象居心不良，当象在井口叫他的时候，他答应一声后便躲到刚挖好的洞里了。这个井通旁边的一口井，过了一会儿，舜估计象已经走开，就从旁边那口井里爬了出来。这时，舜见象起身要跑，便叫住他，象因为羞愧、心慌，支支吾吾、结结巴巴地说："我今天很烦闷，只是想来看看哥哥，没有什么别的事。"舜和平常一样和颜悦色地说："你来得正好，我这里有一些事情请你帮我料理一下。"此后，舜对父母还是一样孝顺，对弟弟还是一样友爱。

尧对舜作了一段时间的考察之后，认为舜确实品德好，而且应付各种棘手的事情都很有办法，就要舜帮助他掌管行政方面的事务。舜上任以后，首先注意挑选人才。当时，高阳氏有八位才子，人们称为"八恺"；高辛氏也有八位才子，人们称为"八元"，他们都是多才多艺、贤明正直的人，舜推荐他们出来协助工作。这样，只有两三年时间，舜就把一切事务处理得井井有条。

那时候，社会上有四个非常贪婪凶暴的人，做了很多坏事，人们称之为"四凶"。其中一个是黄帝的后裔，名叫谨兜，专门欺侮老实人，包庇坏人，诡计多端，横行霸道，人们给他取了一个外号叫"浑沌"。"浑沌"，本来是昆仑山西部的一种野兽。它的外形像狗，毛很长，四只脚像熊，但没有爪子；有眼睛但是看不见东西，行动不便；有两只耳朵，但是听不到声音，不过感觉还是灵敏的；腹腔内没有心、肝、脾、肺、肾五脏，肠子是笔直的，食物吞下以后，就直接排泄出来。它遇到好人就顶撞抵触，碰到坏人就偎依亲热。谨兜的为人与"浑沌"的特点很相似，所以人们就给他取了这个外号。

还有一个叫共工，也是著名部落首领少暤氏的后代。他专门诽谤、打击那些诚实可靠、忠贞不渝的人，最喜欢听信流言蜚语，欣赏造谣中伤别人的那些无稽之谈，于是，人们就给他取了一个外号叫做"穷奇"。"穷奇"，本来是西北地区的一种野兽，它的形状像虎，有翅膀，能够飞，经常袭击人。它懂得人的语言，如果看到人发生斗殴，就去把有道理的那一方吃掉；如果听说哪个人忠诚老实，就去把他的鼻子咬下来；如果听说某人横蛮不讲理，专门做坏事，它就去捕捉一些野物送给他。由于共工的性格与"穷奇"相似，所以人们就给他取了这个外号。

还有一个也是著名部落首领颛顼氏的后代，他名叫鲧，一贯刚愎自用并屡教不改，当时人们给他取了个外号叫"梼杌"。"梼杌"是西部荒原中的一种野兽，它的形状像虎，但比虎大，身上的毛有两尺多长，面孔像人，脚像虎，口和牙像猪，尾巴有一丈八尺长，经常在荒原中乱窜。因为鲧的性格与"梼杌"相似，所以人们给他取了这个外号。

还有一个人叫三苗，他是曾经在黄帝时担任过重要职务的缙云氏的后代。这个人最好吃，食量大，特别是看见别人有钱财，就不顾一切地去夺取，当时人们给他取了个外号叫"饕餮"。"饕餮"是西南地区的一种怪物。它身上长了很多毛，头上顶着一头猪，性情暴戾，好逸恶劳，聚集了资财但又舍不得用，还喜欢掠夺别人的粮食。它总是以强凌弱，但人多的地方却不敢去，专门袭击落单的人。由于三苗的性格与"饕餮"相似，所以人们给他取了这个外号。

这四个人仗着他们的家族势力，扰乱社会治安，无恶不作，人民恨之入骨，所以称其为"四凶"。尧虽然知道这个情况，对他们也毫无办法。舜负责行政事务方面的工作以后，对四面八方来的有才能的人非常客气地接待；对"四凶"则不同，分别把他们流放在四千里以外的偏僻地方。那些地方有一种叫"魑魅"的怪物，面孔像人，身子像野兽，有四只脚，对人危害很大。舜把"四凶"流放到那里，就是以毒攻毒，利用他们的力量去对付"魑魅"这种怪物。从此以后，各地的人才源源不断地投奔到舜这里，社会上再也没有什么坏人坏事了。

由于舜在工作中成绩卓著，尧又要他担任更重要的工作。舜不论做什么，都能出色地完成任务，各部落的首领和远方来朝的宾客对舜都很尊敬。这样经过几年考察，尧认为舜可以做他的接班人，就把首领的位置让给了舜。这种让位，历史上称"禅让"。

舜没有辜负尧的期望，在位期间，一直辛勤工作，勤劳民事，到了晚年，还不顾年老体弱，按照老规矩到各地视察，以致在南巡途中病逝于苍梧（今湖南零陵），葬在九嶷山（今湖南宁远南60里），终年100岁。

◎故事感悟

唐尧不因虞舜出身贫寒、地位低下而鄙视他，这种精神在身世高贵的人之中是很少能表现出来的。唐尧的这种肯于让位、重视人才的精神也一直为世人所称赞。在当代，这种让位不显的品质同样是构建和谐社会应该提倡的美德。

◎史海撷英

叔虞封唐

商周之际，今翼城与曲沃之间有一个唐国，史籍记载是唐尧后裔的封国，史称旧唐国。公元前11世纪，周武王率领诸侯，誓师牧野，一举灭商而占有天下。唐本是商的属国，旧唐贵族不满周的统治，到周成王时期，旧唐贵族参与了"武庚叛乱"，周公东征镇压，征服了旧唐势力，周成王便派自己的弟弟叔虞去管理唐地。叔虞到达唐地后，对旧唐遗民采取怀柔政策，沿用旧唐制度，尊重旧唐习俗，依用唐的称号，建都于翼（今翼城县故城村，后迁唐城），叔虞也被称为唐叔虞。叔虞死后，其子燮父迁都于晋水（平水）之旁，改国名为晋。晋国的历史从此迈出了第一步。传九世，到昭侯时，由于被封在曲沃的桓叔势力强大，改晋为翼。曲沃武公兼并翼，又改称晋，并通过贿赂周王室，被封为晋君，列为诸侯，晋国从此逐渐强盛。唐叔虞是晋国的始祖。

◎文苑拾萃

《尧典》

《尧典》是《尚书》篇目之一，记载了唐尧的功德、言行，是研究上古帝王唐尧的重要资料。

尧和舜，相传是中国原始社会后期的著名首领。尧名放勋，属陶唐氏，又称唐尧；舜名重华，属有虞氏，又称虞舜。典是书名，《说文》解为五帝之书。本篇是记叙尧舜事迹的书，名叫《帝典》，举偏以赅全，又称《尧典》。本篇开始

有"曰若稽古"四字，这就表明它是后代史官所追记，成书的年代不可考了。本篇晚出《孔传》分"慎徽五典"，以下为《舜典》。

《尧典》分为七大段。第一段颂扬尧的品德和功绩，第二段说明尧制定历法节令的情况，第三段说明尧选拔官吏的情况，第四段叙述尧提拔虞舜代替自己的经过，第五段叙述舜在摄政期间的功绩，第六段记叙舜任用百官的情况，第七段赞美舜毕生为国鞠躬尽瘁而死。本篇记录了尧舜二帝的重要政绩，是研究中国原始社会后期政治和思想的重要文献。

鲍叔牙辞相荐管仲

◎齐有鲍叔牙，郑有子皮。知贤，知也；推贤，仁也；
引贤，义也。——孔子

鲍叔牙（？—前644），春秋时齐国大夫，亦称"鲍叔"、"鲍子"。少时，与管仲相友善。及长，因齐乱，他随公子小白出奔莒，管仲则随公子纠出奔鲁。齐襄公被杀，公子纠与小白争王位，小白得内援回国即位，为齐桓公。公子纠死，管仲被囚。齐桓公任命鲍叔牙为相，叔牙辞谢，保举管仲。后来经管仲的改革，齐国日渐富强，成为春秋"五霸"之首。管仲曾言："生我者父母，知我者鲍子也。"鲍叔牙遂以"知人"为世人所称道，后世说到人之相知，故多以"管鲍"誉称。

　　鲍叔牙，春秋时期齐国大夫，年轻时与管仲交往，因此知道他是很有才能的。襄公当政时，昏庸无道，齐国内乱不止。管仲随公子纠出奔鲁，鲍叔牙随公子小白出奔莒。等到襄公被杀后，鲁国派兵护送公子纠回齐争夺王位，管仲带兵阻挡齐、莒要道，射中公子小白带钩。公子小白佯死，骗过管仲后，快马加鞭抢先进入齐国，夺得君位，立为桓公。

　　桓公从莒返国后，让鲍叔牙担任宰相，鲍叔牙坚辞不就，恳切地向桓公说："我是一位平庸的臣子，君王赐给我恩惠，使我不致受冻挨饿，已使我感激不尽了，但要把国家治理好，那我可就胜任不了啦！能把国家治理好的人选，管仲是最合适不过了。我不如管仲的地方，有五个方面；第一，在宽厚而施惠于人、安抚百姓方面，我不如他；第二，在推行政令、掌握好国家的根本大计方面，我不如他；第三，在忠实讲信义、团结百姓方面，我不如他；第四，在制订礼仪、使全国的行为有准则方面，我不如他；第五，在手执鼓槌、立在军门，使百姓增强勇气方面，我不如他。"桓公说："可管仲用箭射我，我差一点死在他的手里。"鲍叔牙回答说："他不也是为了公子纠才这样做的吗？您如果能赦免他，争取他返国，那他一定会像忠于公子纠一样，忠于您的。"桓公听从了鲍叔牙的话，设计命鲁国派人押解管仲到齐国，桓公还亲自到郊外迎接他。管仲执掌齐国政事后，桓公很快成就了一番霸业。

◎故事感悟

鲍叔牙既往不咎，不顾管仲曾追随公子纠，极力向桓公推荐管仲。鲍叔牙为人谦虚谨慎，还总结了五点自己不及管仲之处。为了使国家强大安定，鲍叔牙主动让出相位，推荐管仲，这种牺牲小我、成就大我的谦恭礼让的品德令人敬佩。

◎史海撷英

田氏代齐

齐国是周朝的诸侯国之一，有姜齐与田齐之分。

田氏代齐指战国初年，齐国卿大夫田氏家族取代吕氏成为齐侯的事件。公元前386年，周安王正式册命田和为齐侯。公元前379年，齐康公吕贷死，吕氏绝祀，姜姓齐国完全为田氏齐国取代。

齐桓公十四年，陈国公族内乱，公子完为避祸奔逃至齐国。齐桓公欲封公子完为卿，公子完不受，只接受工正之职。公子完至齐国为齐国田氏之祖，后世称"田完"。

公元前545年，田完四世孙田桓子与鲍氏、栾氏、高氏合力消灭当国的庆氏。之后田氏、鲍氏灭栾、高二氏。田桓子对齐国公族"凡公子、公孙之无禄者，私分之邑"，对国人"之贫均孤寡者，私与之粟"，取得了公族与国人的支持。齐景公时，公室腐败。田桓子之子田乞（即田僖子）用大斗借出、小斗回收，使"齐之民归之如流水"，增加了实力，是谓"公弃其民，而归于田氏"。公元前489年，齐景公死，齐国公族国、高二氏立公子荼，田乞逐国、高二氏，另立公子阳生，自立为相。从此田氏全国掌握齐国国政。

◎文苑拾萃

《管子》

《管子》在唯物主义的方向上，解决了物质和精神的关系，认为有意识的人是由精气生成的。管子说"凡人之生也，天出其精，地出其形，合此以为人，和乃生，不和不生"，"气道乃生，生乃思，思乃知，知乃止矣"。把物质摆在第一位。

《管子》没有否定鬼神，认为鬼神也是由精气生成的，说精气"流于天地之间，谓之鬼神"，把鬼神视为普通一物，否认它是超自然的存在。

《管子》认为，认识的对象存在于认识的主体之外，认为："人皆欲知，而莫索其所以知，其所知，彼也；其所以知，此也。"又认为，在认识过程中，主体要舍弃主观臆断，以外物为认识根据，要反映外物的真实情况。称这种认识方法为"静因之道"，说："是故有道之君，其处也若无知，其应物也若偶之，静因之道也。"这在认识论上属于唯物主义。

《管子》的精气论在中国唯物主义发展史上有重要意义，对中国唯物主义的发展产生过深远影响。后来，如王充、柳宗元等，都深受其影响。

虞丘辞位荐孙叔敖

◎任何一种不为集体利益打算的行为，都是自杀的行为，它对社会有害。——格言

孙叔敖（约前630—前593），楚国人。春秋时期杰出的政治家。在海子湖边被楚怀王举用，以贤能闻名于世。前601年，出任楚国令尹（楚相），辅佐楚庄王施教导民，宽刑缓政，发展经济，政绩赫然，主持兴修了芍陂（今安丰塘），改善了农业生产条件，增强了国力。司马迁《史记·循吏列传》列其为第一人。

孙叔敖还是杰出的军事家，他选择适合的条文立为军法，对楚军的行动、任务、纪律等都做出了明确规定，运用于训练和实战。

樊姬，是楚庄王的夫人。楚庄王登上王位之后，喜欢打猎，樊姬不断规劝楚庄王，可是楚庄王依然故我，于是樊姬就不吃禽兽肉。楚庄王由此改正了过错，处理政事十分勤勉。

楚庄王上朝，有时散朝很晚。樊姬迎接他，问："为什么散朝这么晚？也许饥饿疲倦了吧？"楚庄王说："跟贤人在一起，就不知道饥饿疲倦了。"樊姬问："大王所说的贤人是谁啊？"楚庄王说："是虞丘。"樊姬听了，掩着嘴笑起来。楚庄王问："你笑什么呢？"樊姬说："虞丘算是贤臣了，但不能说是忠臣。"楚庄王问："为什么这样说呢？"樊姬说："我伺候大王11年了，派人到郑国、卫国寻求贤女献给大王，现在比我贤良的有2人，跟我并列的有7人，我难道不想独占大王的爱宠吗？但我不能固守私情蒙蔽国事，想让大王多见到一些人，了解别人的才能。我听说虞丘担任楚国丞相10余年，推荐的不是自己的子弟就是同族的兄弟，没有听说他推荐贤人斥退不贤的人，这样做是

蒙蔽国君而堵塞贤人进身的路。知道贤人而不推荐，这是不忠；不知道哪些人是贤人，这是不智。我笑这些，不也是适宜的吗？"楚庄王听后很高兴。第二天，楚庄王把樊姬的话告诉了虞丘，虞丘离开座位，不知道怎么回答。于是让出自己的房子，派人去迎接孙叔敖，把他推荐给楚庄王。

孙叔敖出身贫寒，小时候就失去了父亲，和母亲相依为命。据说，他从小就十分懂事，处处为他人着想。一天，他在野地里见到了一条双头蛇，按当时的迷信说法，见到了双头蛇的人就会死掉。他虽然害怕，但又想到若不除去它，又会害死许多人，就打死了这条蛇。回去后，他把这一切都告诉了母亲，哭着说自己要死了。母亲说："你心肠这么好，一定不会死。"长大后，孙叔敖因为才能出众受到越来越多人的尊重。

楚庄王听了虞丘的推荐，相信他不会选错人，但舍不得让虞丘辞官，就挽留他，说："先生辅佐寡人，使我能够号令诸侯，为天下所拥戴，我的命令在极僻远的地方都得到遵从。如果不是先生，哪能有这番景象？您还是别走了。"虞丘回答道："长期占着官职吃白食，是贪心；不举荐贤能之士，是妒忌；不让位子给合适的人，是不公正，这样就是不忠。我还是决定辞职。"楚庄王只好依照他的意愿，让孙叔敖做令尹。孙叔敖担任令尹后，治理楚国三年，楚庄王得以成为春秋时期的霸主。楚庄王赐给虞丘封地，让他在那里安享晚年，并封他"国老"的称号。

过了不久，虞丘有位家人因为觉得自己有功于国家，就胡作非为，犯了法，孙叔敖命人将这人抓住处死。虞丘知道了，不但不生气，还十分高兴地去见楚庄王，说："我说过孙叔敖可以主持国政的。他奉公守法而不结党营私，真可说是公平正直。"庄王说："这都是先生您的功劳啊！"

◎故事感悟

　　虞丘善于发现贤才，并肯于让位给贤能之士，这种谦恭礼让的风范值得千古颂扬，也是当代人应该学习的。我们也应该努力把自己锤炼成淡泊名利、谦恭礼让的人。

◎史海撷英

令 尹

令尹是楚国在春秋战国时代的最高官衔，也是除国君外掌握政治事务、发号施令的最高长官。令尹执掌一国之国柄，身处上位，以率下民。对内主持国事，对外主持战争，总揽军政大权于一身。令尹主要由楚国贵族当中的贤能人士来担任，且多为芈姓（熊氏、若敖氏、蔿氏、屈氏、昭氏、景氏、彭氏）之族，也有少数外姓之人为令尹（吴起、黄歇、李园），但不多见。

◎文苑拾萃

春秋战国门·樊姬

（唐）周昙

侧影频移未退朝，
喜逢贤相日从高。
当时不有樊姬问，
令尹何由进叔敖。

季札让位

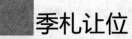

◎礼让一寸，得礼一尺。——曹操《礼让令》

> 季札（前576—前484），是春秋晚期吴王寿梦的第四子，称公子札。前547年因受封于延陵，人称"延陵季子"。相传他为避王位曾三度让国。季札是一位品德高尚、具有远见卓识的政治家和外交家，也是春秋时代的风云人物，曾与孔子并称"南季北孔"。

季札是春秋时期吴国人，因受封于延陵一带，又称"延陵季子"。他的祖先是周朝的泰伯，曾经被孔子赞美为"至德"之人。泰伯本是周朝王位继承人，但父亲太王有意传位给幼子季历以及孙子昌，于是泰伯就主动把王位让出来，自己则以采药为名，来到荒芜的荆蛮之地，建立了吴国。

数代后，寿梦继承了吴国王位。他的四个儿子当中，以四子季札最有德行，所以寿梦一直有意要传位给他。季札的兄长也都特别疼爱他，认为季札的德行才干足以继承王位，所以都争相拥戴他即位。但是季札不肯受位，坚持把王位让给哥哥。

哥哥诸樊觉得自己的德能远在季札之下，一心想把治国的重任托付给他，但被季札婉言谢绝了。他说："曹国之人想拥立贤能的子臧为国君，来取代无德的曹王，但被子臧所拒绝。为了坚守臣民应有的忠义，并打消国人拥立的念头，子臧离开曹国，奔走到了宋，使曹国的君主仍然得以在位执政。子臧谦恭无争的美德，被人们赞美为能'守节'的盛德之人。前贤的殷鉴历历在

心，国君的尊位哪里是我季札所希求的呢？虽然我无德，但祈求追比贤圣之心，则是念念不忘啊！"

季札的厚德感动了吴国之人，他们如同众星捧月般，一心想要拥戴季札为王。不得已之下，季札退隐山水之间，整日躬耕劳作，以表明他坚定的志节，这才彻底打消了吴人拥立他的念头。

有一次，吴国派遣季札出使鲁国。到了鲁国，季札听到了蔚为大观的周乐。季札以过人的感受力和卓绝的见识，透彻分析了礼乐之教的深远蕴涵，以及周朝的盛衰之势，语惊四座，使众人大为叹服。听到《唐》，他听出了思接千载的陶唐氏遗风；听到《大雅》，他在乐曲深广的气魄里听到了文王之德。当《魏》歌声起，那"大而宽，俭而易"的盟主之志，辉映着以德辅行的文德之教。一直到《招箾》舞起的时候，季札惊叹道："这是最令人叹为观止的至德乐章，就如同苍天无不覆盖，大地无不承载。就算是盛德之至，也是无以复加了。"

季札出使郑国之时，见到了子产。两人一见如故，就好像是多年的知心之交。季札对时局有着异常明晰的洞察力，临别前，他语重心长地对子产说："郑国的国君无德，在位不会很久，将来王位一定会传到你的手中。你治理郑国的时候，务必要谨慎，务必以礼来持国，否则郑国很难避免败亡的命运。"言之谆谆，当子产目送季札远去时，仍然觉得音犹在耳，心里不禁万分惆怅。

吴王诸樊一直到过世之前，都还念念不忘弟弟季札。他留下遗训，让继任者将王位依长幼次序传给弟弟，这样最终就能传到幼弟季札的手里，以圆先王寿梦生前的遗愿。继位的吴王夷昧临终前，要把王位传给季札，但被季札再一次拒绝了。为了表明自己坚定的决心，季礼再度归隐而去。

孔子曾经说过："泰伯其可谓至德也已矣，三以天下让，民无得而称焉。"司马迁赞美季札是一位"见微而知清浊"的仁德之人。贤者的谦恭礼让、非凡气宇和远见卓识，一直在中国历史的长空中，闪耀不绝。

◎故事感悟

　　季札谦逊礼让，一再把王位让给兄长。在皇室中，像这种淡泊名利的人实属少见。无论在帝王之家，还是在普通家庭里，礼让和团结是必须有的，大家切不可因地位和金钱争得不可开交，要学会礼让。

◎史海撷英

吴　国

　　春秋战国时期的吴国是周朝的一个诸侯国，姬姓，其国境位于今苏皖两省长江以南部分，后扩张到苏皖两省全境及赣东北部分地区。

　　春秋时期，吴国与中原诸侯国的交往越来越密切，开始与其他诸侯国争雄。吴王阖闾在今天的苏州建立都城，任用伍子胥和孙武攻破楚国都城，为其子吴王夫差称霸打下了基础。夫差不顾国家连年征战空虚，与齐国和晋国争霸成功后，却忽视了身后的越国，并令伍子胥自杀，被越王勾践乘虚而入。公元前473年，夫差兵败而逃，被围困在馀杭山（今天苏州南阳山），向勾践求和被拒绝，夫差自杀，吴国灭亡，吴地尽属越国。

◎文苑拾萃

《季札：孔子推崇的圣人》

　　《季札：孔子推崇的圣人》一书是国内第一部全面系统地研究季札的专著。这部书的面世，填补了先秦史、儒学史、文艺史等多个领域的空白，也提出了新的研究方向。

　　作者潜心传统文化多年，以历史的眼光、时代的视角对季札的一生进行了细致而深入的研究。在创作过程中，作者整理前人成果、搜集最新资料、考察季札遗迹，从而做到内容翔实、有理有据。季札是春秋时代的风云人物，曾与孔子并称"南季北孔"，让国、观乐、挂剑等故事都传颂至今。

季札可谓礼乐的化身，而中国正是礼乐之邦。季札身上体现的和谐、诚信、礼让、睿智等优秀品质，已经融入到中华民族的血液中，而这些美德也正是现时代的主旋津。

季札在中国思想史、文艺史、政治外交史上的地位都举足轻重。但因为季札的资料存世极少，所以昼然从古至今不断有人提及季札，但真正意义上研究季札的却并不多见。

陈平装病让相位

◎一个人的真正伟大之处就在于他能够认识到自己的
渺小。——格言

> 汉文帝刘恒（前203—前157），汉高祖刘邦四子，惠帝刘盈弟，母薄姬。在位期间，继续执行休养生息和轻徭薄赋的政策，是汉朝从国家初定走向繁荣昌盛的过渡时期。后世将这一时期与其子景帝执政的时期统称为"文景之治"。

公元前176年，长安城未央宫里庄严隆重，昨天刚刚举行完登基仪式的汉文帝，不顾旅途疲劳，一清早便来到未央宫，准备早朝。

汉文帝本是汉高祖的庶子，被封为代王。他的母亲薄姬不受汉高祖的宠幸，因此，在汉宗室与吕氏家族的殊死搏斗中免遭迫害。吕氏死后，诸吕的反叛阴谋被粉碎，臣民因他仁慈宽厚而拥戴他继位。君临天下，是多少人梦寐以求，甚至不惜骨肉相残而争夺的目标，而代王刘恒不费吹灰之力便得到了。然而，他深知这副担子有多么沉重。近年来，由于宫廷内部的争权夺利，使民风日下，生产遭到破坏，内忧外患不断，大汉江山需要一位贤明的君主来拯救它。汉文帝相信自己能励精图治，有所作为。他如此自信还有另一个原因，就是他手下有刘邦留下的两个心腹老臣，丞相陈平和太尉周勃。他们一文一武，对汉室忠贞不贰，定会像辅佐父皇一样辅佐自己。

群臣陆续进宫，侍立在正殿的两侧，汉文帝升殿，各大臣一一叩见之后，汉文帝发现丞相陈平并没有站在群臣之列。文帝问道："丞相陈平为何

不来？"

站在下面的太尉周勃站出来说道："丞相陈平正在生病，体力不支，不能来叩见皇上，请皇上原谅。"

汉文帝心里暗自纳闷，昨天陈平还好好的，并未见他有什么病状呀？不过，他仍然不动声色，只是说："好，知道了，退下。"

退朝以后，汉文帝派人去请陈平。人刚走，汉文帝又觉得这样做有些不妥。陈平是开国老臣，自己应当待他如父亲一样。父亲有病，儿子只能前去探望，哪有召见之理。于是，汉文帝便到后宫换上平日穿的家常便服，到陈平家去探视。

陈平躺在床上，头缠白色绸巾，手里捧着一本书在读。见到汉文帝来了，慌忙翻身下地行礼。汉文帝急忙把他扶起，说道："不敢，我视您如同父亲，以后除了在朝堂之外，一律免除君臣之礼。"

汉文帝扫视一下屋里的陈设，又说："今天听太尉说您病了，特地前来探望，不知是否请过御医诊治？您年岁大了，有病可不要耽搁呀！"

陈平听了汉文帝这番关怀的话语，感动得热泪盈眶，他对汉文帝说："皇上太仁慈了，可我对不起您的一片爱臣之心，我犯了欺君之罪呀！"

原来陈平并没有病，而是在装病。他为什么要装病呢？这话就得从高祖去世说起了。

汉高祖刘邦在世时，为了保证汉宗室的传承，规定"非刘氏者不得为王"。但由于他晚年体弱多病，实权已经由吕后执掌。刘邦死后，惠帝懦弱，吕后便不顾刘邦的遗训，大立吕家子弟为王，使得诸吕的势力越来越大，刘家的势力却日益衰微。

满朝文武对这种情况敢怒不敢言。太尉周勃原是刘邦的同乡，秦末跟从刘邦屡建战功，封为绛侯。他对吕后的肆无忌惮实在看不下去，但又因她是刘邦的遗孀，不好顶撞，就告病还乡。而刘邦的另一个心腹之臣陈平，这时被吕后封为丞相，他也看不过吕家的猖狂，可又投鼠忌器，只能装聋作哑，暗自等待时机。

吕后死后，诸吕结党，欲谋叛乱。陈平认为铲除诸吕的时机已到，立刻去找太尉周勃，共商大计。周勃本以为陈平与诸吕同流合污，很看不起他，没想到陈平只不过是暗中积蓄力量，心中竟有如此大志，非常钦佩，立即同意，并且亲自设计，说服驻扎在长安城的警卫部队——北军拥刘反吕，然后又坐镇北军，争取到了南军的支持，以武力为后盾，最后将吕氏家族一网打尽。

这次行动由陈平主持，而周勃是直接率兵诛灭诸吕的人，因此显得功劳比陈平大。陈平自己也这样认为。他想，新帝继位，应论功晋爵，自己应当主动把丞相的位置让给周勃，但又怕周勃不肯接受，便假称有病，不能上朝，使汉文帝任命周勃为丞相。

陈平把这一切都对汉文帝说清之后，又诚恳地说道："高帝在世时，周勃的功劳不如我；诛灭诸吕时，我的功劳不如周勃。所以我愿意把相位让给他，请皇上恩准。"

文帝本来不知诛灭诸吕的细节，他是在诸吕被剿灭以后，才被陈平和周勃接到长安的。听了陈平的解释，才知周勃立下了大功，便同意了陈平的请求，发布诏书，任周勃为右丞相，位居第一；任陈平为左丞相，位居第二。

汉文帝既然想做一个有所作为的君主，便用心研究治国之道。

一天上朝时，他问右丞相周勃："现在一天的时间里，全国被判刑的有多少人？"

周勃谢罪，回答说："臣不知道。"

汉文帝又问："全国一年的钱粮有多少，收入有多少？支出有多少？"

周勃仍然回答不出。周勃平日统兵，从未过问财政、刑狱之事，此时汗流浃背，惭愧至极，真恨不得有个地缝钻进去。

汉文帝见周勃回答不出，又问站在旁边的陈平："陈丞相，那你说呢？"

陈平不慌不忙地回答说："您要想了解这些情况，我可以给您找来掌管这些事的人。"

"那么谁负责管理这些事呢？"汉文帝问。

"陛下要问被判刑人的人数，我可以去找廷尉，要问钱粮的出入，我可以找治粟内史。他们会告诉您详细的数字。"

汉文帝的心里有些不高兴，脸色也沉了下来，说道："既然什么事都各有主管，那么丞相应该管什么呢？"

陈平毫不犹豫地回答道："每个人的能力都是有限的，不能事无巨细，样样躬亲。丞相的职责，上能辅佐皇帝，下能调理万事，对外能镇抚四夷、诸侯，对内能安定百姓。丞相还要管理大臣，使每个大臣都能尽到自己的责任。"

陈平回答得有条不紊，汉文帝听了，觉得很有道理，脸色缓和了下来。

站在一边的周勃也如释重负，暗暗佩服陈平能言善辩，辅政有方。

周勃回到家里，久久不能平静。他想，自己虽说为诛灭诸吕立了功，但是辅佐皇帝，处理国政方面的才能与陈平相差太远了。为汉朝社稷百姓着想，还是应该让陈平做丞相。于是周勃也假称有病，向汉文帝提出辞呈。

汉文帝非帝理解周勃的心情，立即同意。从此，陈平便成了唯一的丞相，辅佐汉文帝中兴汉朝基业。

◎故事感悟

在拥戴汉文帝登基的过程中，陈平立下了汗马功劳。然而，他为人谦虚，所以决定把丞相之职让给周勃，为此采取了装病的计策。像这种不为官位名利所动、主动让位的贤能之士，才是维护国家稳定和长治久安的栋梁之才。

◎史海撷英

霸 陵

汉文帝陵寝，也称灞陵。因霸陵靠近灞河，因此得名。位于西安东郊白鹿原东北角，当地人称为"凤凰嘴"。

霸陵是两座位于汉长安城东南的西汉帝陵之一（另一座是汉宣帝刘询的杜陵，其他九座西汉帝陵，都在渭河北面的咸阳原上）。至于为何霸陵选址在此，据推测和汉初仍被遵循的"昭穆制度"有关。但从《史记》来看，霸陵选择依山而建，防盗是一个很重要的因素。霸陵是中国历史上第一个依山凿穴为玄宫的帝陵，对六朝及唐朝依山为陵的传统影响极大。

霸陵因"因山为陵，不复起坟"，即依山凿挖墓室，无封土可寻。并且史料文献对霸陵的记载也很少，所以，只能根据仅有的记载来推测霸陵的具体位置和内部结构。

霸陵陵园史称"盛德园"，内建寝殿、便殿等，但目前也没有发现陵园的遗迹。据记载，霸陵在白鹿原原头的断崖上凿洞为玄宫，内部以石砌筑，并有排水系统，墓门、墓道、墓室以石片垒砌，工程十分浩大。据估计，后来排水系统被沙石堵塞，以致墓门后来被水冲开，墓室结构遭到破坏。霸陵最迟在西晋即遭盗掘，并在当时发现了大量的陪葬品。

◎文苑拾萃

刘恒亲尝汤药

公元前202年，刘邦建立了西汉政权。刘邦的四儿子刘恒，即后来的汉文帝是一位有名的孝子，对母亲薄太后很孝顺，从来不敢怠慢。

有一次，薄太后患了重病，这可急坏了刘恒。母亲一病就是三年，卧床不起。刘恒亲自为母亲煎汤药，并且日夜守护在母亲的床前。每次看到母亲睡了，他才趴在母亲床边睡一会儿。刘恒天天为母亲煎药，每次煎完药，自己总要先尝一尝，看看汤药苦不苦、烫不烫，自己觉得差不多了，才端给母亲喝。

刘恒孝顺母亲的事，在朝野广为流传。人们都称赞他是一个仁孝之子。有诗颂曰：

> 仁孝闻天下，巍巍冠百王。
> 母后三载病，汤药必先尝。

前157年，刘恒病死于长安未央宫。死后的庙号为太宗，谥号为文帝。后人为了纪念他的伟业和仁政以及他的孝道，将其列入二十四孝之第二孝。

魏征以恭让为德

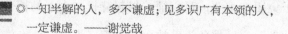

◎一知半解的人，多不谦虚；见多识广有本领的人，
一定谦虚。——谢觉哉

　　魏征（580—643），字玄成。馆陶（今河北馆陶）人，一说巨鹿下曲阳（今河北晋县）人。唐初政治家。少时丧父，家贫，但胸有大志，喜好读书，曾出家为道士。隋末参加李密的瓦岗军起义，后随李密归唐，又为窦建德俘获，任起居舍人。窦建德死后，他为唐高宗李渊太子李建成信任，任太子洗马。玄武门之变后，李世民即位，喜他直率，擢为谏议大夫。他好犯颜直谏，前后陈谏200余事，深为唐太宗器重，迁为尚书左丞。贞观三年（629年），任秘书监，参与朝政。贞观七年（633年），为侍中，能识大体，以常情处事。受诏监梁、陈、齐、周、隋史，亲笔写了《隋书》绪论和《梁书》、《陈书》、《齐书》的总论，又总编《群书治要》，书成，进官左光禄大夫，封郑国公。

　　魏征是唐初的一位大臣，开始时辅佐太子李建成，后跟随李世民。他出自一个下级官吏家庭，虽然自幼孤贫，但他喜欢读书，知识非常广博，胸怀治国安邦的大志。在他从政的十六七年间，之所以能做到"匡过弼违"，先后谏言200余事，并在此过程中表现出"不以逢时改节，不以图位卖忠"的高贵品质，是与他一生强调道德礼仪、提倡爱民节俭、加强自我修养分不开的。他多次申明德礼诚信是"国之大纲"，主张"君使臣以礼，臣事君以忠"，"居安思危，戒贪以俭"。在作风上，他特别重视"常谦常惧之道"，认为只要能"日慎一日"地坚守此道，社稷江山就不会有倾覆之虞。魏征不仅有以上可贵

的认识，而且还在努力地实践这些道德和行为准则。

魏征特别讲究"忠"、"义"二字。贞观二年（628年），已经登上帝位并牢牢控制了朝廷大权的唐太宗，准备安葬在玄武门之变中被他除掉的太子李建成和齐王李元吉。这在事实上是唐太宗为争取人心所做的官样文章。作为归顺唐太宗不久的原太子集团的重要成员魏征，想起昔日与太子的情分，忆起传统儒家思想的一个"义"字，准备为已故太子送葬。为此，他专门上疏在确定唐太宗玄武门之变性质的前提下，委婉地表达了昔日自己与李建成结下的君臣关系，希望唐太宗在"明社稷之大义，申骨肉之深恩，卜葬二王"的活动中，恩准他"送至墓所"，让他了却"事君之礼"的心愿。在通常情况下，魏征的这种要求是要冒很大风险的，但此时唐太宗却顺水推舟，答应了魏征的请求。由于魏征冒险所请得到批准，所以原太子、齐王集团的旧属都参加了送葬仪式，就连唐太宗也认为魏征所请是一种义举。

由于魏征注重自身道德修养，坚持"常谦"之道，在地位、声望不断提高的同时，他"深惧盈满"，不时地产生求退的想法。贞观七年，魏征受命代王珪为传中，又被封为郑国公，不久他就"以疾乞辞所职，请为散官"。由于唐太宗不同意，他也只得暂时作罢。没过多久，魏征"复固请"。在这种情况下，唐太宗才"听解侍中，授以特进"，仍然让他"知门下省事"。在魏征谏止唐太宗进行封禅活动后，由于右仆射一职空缺，唐太宗有意让魏征当此重任，但魏征再次"固让"贞观十七年（643年），唐太宗针对太子李承乾不修德业的现实，遂授魏征"太子太师"一职，并"知门下事如故"。魏征又"自臣有疾"，不欲任职。魏征始终坚持的"常谦常慎"之道，既是他自我修养的必然结果，也是他政治智慧的充分体现。

魏征这种谦让的美德还表现在其他方面。当魏征完成修订《五礼》的任务之后，朝廷为赏其功，本打算封赐魏征的一个儿子爵位，但魏征却转请皇帝将此爵位赐予其"孤兄子叔慈"。唐太宗对魏征这种恭让精神十分钦佩，他感慨道："卿之此心，可以励俗。"当即满足了魏征的请求。

魏征虽然官拜宰辅，身居高位，但生活相当清苦。他认为有国有家者如果喜欢奢纵，不行俭约，就"莫能终其善"。直到魏征病重之前，这位老臣的住宅竟然没有正厅，其平日所用衣被十分朴素。魏征死后，唐太宗想为他举行隆重而盛大的送葬仪式，但魏征的妻子裴氏却上书唐太宗说："魏征平生节俭，现在按一品官的礼仪葬他，仪仗过于奢侈隆重。这样做恐怕不合他的心意。"由于裴氏的坚持，临时改用白木制的车舆和白布缝的车帷来送葬。魏征一生坚持恭让和俭约的美德值得我们学习。

◎故事感悟

魏征一生都坚持恭让的美德和常谨常慎之道。当唐太宗授予魏征"太子太师"的头衔时，魏征自陈有疾而不欲任命，这也正表现了魏征的谦恭礼让、让位不显的精神。

◎史海撷英

太子太师

官名。西晋始置。汉、魏东官师保，只置太子太傅、少傅。晋武帝咸宁中，备六傅之职，加置太师、少师、太保、少保。因避司马师讳，太师缺笔作太帅。南朝不置，北魏复置，以太子太师、太傅、太保为东官三太，正二品。北齐沿置，称三师，掌师范训导，辅翊皇太子。隋、唐沿置，隋为正二品，唐为从一品。宋太子太师、太傅、太保，作为加官，只授给宰相相官未至仆射者与致仕的枢密使，实非东官官。明初以朝臣兼东官师傅，成祖后，太子三师、三少只用为兼官、加官、赠官。清同明制。

◎文苑拾萃

请陪送葬建成元吉表

（唐）魏　征

　　臣等昔受命太上，委质东宫，出入龙楼，垂将一纪。荷宫结衅宗社，得罪人神。臣等不能死亡，甘从夷戮，负其罪戾，置录周行，徒竭生涯，将何上报？陛下德光四海，道冠前王，陟风有感，追怀常棣，明社稷之大义，申骨肉之深恩，卜葬二王，远期有日。臣等永惟畴昔，忝曰旧臣。丧君有君，昌展事君之礼；宿草将列，未申送注之哀。瞻望九原，义于凡百。望于葬日，送至墓所。

谦恭礼让的杨士奇

◎不知则问，不能则学，虽能必让，然后为德。——《荀子》

> 杨士奇（1366—1444），名寓，字士奇，以字行，号东里，谥文贞，泰和（今江西泰和县澄江镇）人。明代大臣、学者，官至礼部侍郎兼华盖殿大学士，兼兵部尚书，历五朝，在内阁为辅臣四十余年，首辅二十一年。与杨荣、杨溥同辅政，并称"三杨"，因其居地所处，时人称之为"西杨"。"三杨"中，杨士奇以"学行"见长，先后担任《明太宗实录》《明仁宗实录》《明宣宗实录》总裁。

杨士奇是明朝时"五朝元老"。他为人谦恭礼让，以礼待人，从不存有偏见，受到大家的称赞。

自明惠帝以来，杨士奇担任少傅、大学士多年，声望很高。

明仁宗即位之后，让他兼任礼部尚书，不久又改兼兵部尚书。这是掌管全国武官选用和兵籍、军械、军令等事务的大官。对此，杨士奇心中却极为不安，他向明仁宗辞谢，说："我现任少傅、大学士等职务，已是极限了，再任尚书一职，确实无法胜任，更怕群臣要背后指责。"

明仁宗劝解说："黄淮、金幼孜等人都是身兼三职，并未受人指责。别人是不会指责你的，你就不要推辞了！"

杨士奇见君命难违，不能再推辞，就诚心实意地请求辞掉兵部尚书的俸薪。他认为，兵部尚书的职务可以担任，工作也可以做，但丰厚的俸薪不能再接受。

明仁宗皇帝说："你在朝廷任职20余年，我特地要给你这种经济待遇，你就不必推辞了。"

"尚书每日的俸薪可供养60名壮士，我现在获得两份俸薪都已觉得过分了，怎么能再加呢？"杨士奇再三解释说。

这时，身旁的另一名大臣顺势插话劝解说："你应该辞掉大学士的那份最低的俸薪嘛。"

杨士奇说："要有心辞掉俸薪，就应该挑选最丰厚的相辞，何必图虚名呢？"

明仁宗见他态度这样坚决，又确实出于真心，终于答应了他的请求。

在朝廷中，还有一位同杨士奇一样受到皇帝宠幸的大臣叫杨荣。杨荣处事果敢，驻守边防曾屡建功勋，对于守边的将领的才德也了如指掌。守边的将领们每年都选用好马馈送于他，当时的明宣宗对此也心中有数。

有一次，明宣宗故意向杨士奇问及杨荣的为人。杨士奇不假思索地说："杨荣通晓守边军务，我不如他。他虽然接受一点边将的馈赠，这只是白玉之瑕，希望皇上不必介意。"

明宣宗却说："杨荣曾经在背后数落你的缺点，你怎么反倒为他的过失辩解呢？"

杨士奇说："人都有不足之处，看人要看正面，不能存有偏见。所以，我希望皇上要像容忍我的过失那样去宽容杨荣。"明宣宗听后，频频点头。

这件事后来被杨荣知道了，他深受感动，对于杨士奇的坦荡更加敬佩。

◎故事感悟

杨士奇心胸宽广，不因杨荣的恶意诽谤而跟他斤斤计较或加以报复。只有像杨士奇这种谦恭礼让的人才会活得坦荡荡，这种心底无私的人才会看到别人的优点。我们应该对别人抱有一颗礼让的心，要发现别人身上的闪光点，并用自己的礼让精神去感化周围的人。

◎史海撷英

明宣宗的财政改革

　　杨士奇在明宣宗时期的贡献更多地体现在内政建设上。当时长江下游地区是国家的赋税重心所在，沉重的赋税导致大量人口出逃和农民贫困，成为朝廷非常关心的问题。周干奉朱瞻基之命进行实地调查后，建议减少官田税赋份额，打击税吏的贪污腐败行为。对此，杨士奇大力支持。户部官员由于担心减税会造成国家财政的枯竭，因此极力反对。如何兼顾朝廷与农民的利益，杨士奇选拔了两名干练的官员周忱与况钟去解决这一难题。周忱受权管理南直隶府，况钟出任苏州知府，他们进行了一系列的财政改革。

　　其一，设立以"金花银"或棉布交纳税粮的制度，保证农民从事农业生产的时间，另外特定折换率的定期调整也保证了国家财源的稳定。其二，征粮的衡量单位标准化，防止了税吏的营私舞弊。其三，每个县设粮仓贮藏征收的税粮，防止粮长在私宅内囤积粮食。其四，征收特定的附加税，用于运输通过运河直达京师的粮食。其五，在每个县设济农仓，储藏地方在丰年通过平籴法收集余粮，以便在遇到自然灾害和歉收时分发。所有这些措施，基本上体现了藏富于地方、藏富于民的指导思想，从根本上调动了农民的生产积极性，巩固了朝廷的财政来源。

◎文苑拾萃

杨士奇的文学成就

　　正统六年（1441年），杨士奇与马愉、曹鼐等人编成《文渊阁书目》。旧本不分卷（《四库全书》定为4卷）。著录图书7297部。大多不著撰著人姓氏。书分39类，编20号，每号分数橱，以千字文排次。

　　另著有《三朝圣谕录》3卷、《奏对录》、《历代名臣奏议》、《周易直指》10卷、《西巡扈从纪行录》1卷、《北京纪行录》2卷，《东里集》25卷，诗3卷。

　　明人王世贞对其诗评论说："少师韵语妥协，声度和平，如潦倒书生，晷复酬作驯雅，无复生气。"大致概括了杨士奇的诗文特征。

孙思邈不慕名利

◎德胜才，谓之君子；才胜德，谓之小人。——《资
　治通鉴》

> 孙思邈（581—682），京兆华原（今陕西耀县）人。自幼用功读书，天资聪敏，特
> 别对医术更感兴趣，是著名的医师与道士，是中国乃至世界史上伟大的医学家和药物
> 学家，被后人誉为"药王"，许多华人奉之为"医神"。

孙思邈医术高明，但从不慕名利。在20多岁时，隋文帝杨坚曾召他为"国子博士"，但他讨厌追名逐利的官场生活，便推托有病而拒绝了。后来，唐太宗李世民即位后，又诏请孙思邈并授予爵位，他也坚辞不受。以后，他又多次辞绝了高官厚禄，却坚持行医，把全部精力用于钻研医学上，为民治病。

孙思邈不仅从书本上钻研医学，而且很注意深入实际，调查研究。他走遍崇山峻岭，采集了千种草药，并汲取劳动人民的经验，了解掌握草药的药性，被人称为"药王"。他总结编写了《千金要方》30卷。后来，又写了《千金翼方》以弥补前者不足。两部书中记载了800多种药物和5300多个药方，纠正了古代医书中一些不合理的地方，增补了民间同疾病作斗争的宝贵经验，成为中国医学史上的重大革新。这两部书的影响很大，问世不久即被日本人带回国去加以研究，对日本医学的发展起到了很大的推动作用。

孙思邈认为，人命重于千金，他以"千金"作为自己著作的名称，就是要说明这个道理。他说："人命至重，贵于千金，一方济之，德喻于此。"所以他的思想和行为深受人们的称赞和尊敬，"初唐四杰"之一的卢照邻，曾以尊师之礼来对待孙思邈。有一次，卢照邻问他做一个好医生的标准，他说高明的医生为人治病，就要对症下药，把病治好。

◎故事感悟

　　孙思邈医术高超，但他不慕虚名，对皇帝的封爵一推再推，不愿为官，只愿做一名济世救人的医生。他这种淡泊名利、谦恭好学的精神值得后人学习。

◎史海撷英

孙思邈重视妇幼保健

　　孙思邈强调医治妇女和小儿的特殊性和重要性，指出妇婴与成年男子不同，应分别单设一科。他主张孕妇生产时不要惊慌，要镇静；接生者不应面露忧容，以免影响分娩；新生婴儿要衣着松软，并经常抱出去晒太阳，呼吸新鲜空气。另外他对幼儿的哺乳时间、次数等也作了详细的说明。所有这些都为中国的妇产科、小儿科的发展奠定了良好的基础。

◎文苑拾萃

药王庙的来历

　　广大人民群众一直深深地怀念着"药王"孙思邈，他们在孙思邈的家乡建立了祠堂，并把他的药方刻在石碑上，竖在街巷路口，还把孙思邈隐居的五台山，称为"药王山"，并修建了药王庙。现在，药王庙几乎遍及全国各地，可见孙思邈的品质感人之深。

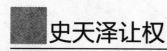
史天泽让权

大勇若怯，大智若愚。——苏轼

史天泽（1202—1275），字润甫。大兴永清（今永清县）人。善骑射，勇力过人。1213年随父史秉直归降蒙古，后灭金伐宋，功勋卓著。元世祖忽必烈即位后，官拜中书右丞相。曾从征阿里不哥，平定李增叛乱。至元十年（127年），与阿术共克樊城（今湖北襄阳），降襄阳（今湖北襄阳）。第二年，又奉命与伯颜统军伐宋，至郢州（今湖北钟祥）病还，至元十二年（1275年）病逝于真定（今正定县），终年74岁。

史天泽在元宪宗时曾经启奏："我刚刚接任死去的兄长天倪的军政职务。天倪有两个儿子，一个管民政，一个掌兵权，再加上我又沾上了好机会，一家人占据三个要职，按理应当辞退一个，所以我可以退休了。"宪宗说："爱卿家一代接一代地忠孝勤勉，对国家有功劳，一家人任三个要职，有什么可惭愧、可避嫌的呢？"因此一直也没答应。后来，有人说李瑍的叛变，就是由于诸侯的权位过重。史天泽趁机启奏："兵权和民权不能集中在一家人手中，请求皇上从我史家开始实行分权。"于是，史家的儿子、侄子立即被解除兵权的有17人。

◎故事感悟

每个人都希望当大官，更有甚者是一人得道、鸡犬升天。而史天泽不然，他从社稷的利益考虑，多次向皇帝建议除去子侄手中的兵权。从这件事中我们可以体会到史天泽的心里只有朝廷，没有自己。

◎史海撷英

史天泽的才干

史天泽胸襟宽广，识虑明哲，知时识势，应变制宜。史天泽40岁开始读书，尤爱读《资治通鉴》，对书中义理理解透彻，对成败是非有独到的见解。史天泽告诫子侄们："史氏家族起于陇亩，今身名赫，宗族昌盛，何以报答累朝盛恩？若因王事身死边野，马革裹尸归葬，是我的夙愿。你等要谨遵此训，如若违背，等于是掘我坟墓。"史天泽知人善任，求贤若渴。当初，史天泽攻打卫州，问卫州名士蒲察辅之："金朝有才干之人，你认识谁？"答以近侍局副使李正臣。等到攻破归德，史天泽见有数人被缚，便问其中一位是谁，那人说是李正臣。史天泽不仅免除其罪，而且派人护送他到真定，让他做参谋，把真定所有公事都全权交付给他。每当南征北战，史天泽必签数十张空名委札，有可任用者可立即委任。卫州成为史天泽食邑后，史天泽命军前参议王昌龄治理，罢除了以前的一切愚政。有失职者诬陷王昌龄，史天泽却更加信任他。

◎文苑拾萃

醉太平·无题

无名氏

堂堂大元，奸佞专权。　开河变钞祸根源，惹红巾万千。　官法滥，刑法重，黎民怨。　人吃人，钞买钞，何曾见。　贼做官，官做贼，混愚贤，哀哉可怜。

ZHONGHUACHUANTONGMEIDEBAIZIJING

中华传统美德百字经

让·谦恭礼让

第三篇

荐才让贤

子皮让相扶子产

◎一切真正的和伟大的东西，都是纯朴而谦逊
的。——格言

> 子皮，范蠡之号。春秋时楚人，曾为越大夫，助越灭吴。后至陶经商致富，又称陶朱公。金李纯甫《画兔》诗："子皮今尚在，遗像岂陶朱。"明 梁辰鱼《浣纱记·泛湖》："从今号子皮，今来古往不许外人知。"

子皮是春秋时期郑国的执政大夫。他在执政后期，特别注意了解属下，准备从中选拔自己的继承人。他发现大夫子产很有才能，出使晋国不辱君命。子产到陈国参加结盟时，看到陈国有些官员不安抚百姓，预见到陈国不久就会灭亡，建议国君不能亲附陈国。子产为人正直仁爱，不与骄奢的贵族为伍。所以，子皮决定把相国的职务让给年轻能干的子产。

有一天，子皮把子产请到府中，对他说："我已经老了，你正年轻有为，要把国家治理好，就全靠你了。我想把处理政事的重担交给你。"

子产听后既激动又不安，说："我没有您的威望高，朝中受宠的人又那么多，他们能听从我的管理吗？"

"你就放手去做，我带头执行你的命令，带领群臣听从你的安排，谁还敢触犯你？你就好好地管理国政吧。"

"郑国是个小国，又夹在晋、楚两个大国之间，该怎么治理呢？"

子皮开导他说："咱们国家小，但照样能富强起来。对大国要搞好关系，但要拒绝他们干涉内政。内修国政，外结友邦，我们就站得住脚。"

子产执政以后，对有势力的贵族既予以任用，又加以限制，使他们不敢胡作非为。对那些忠诚俭朴的人，就予以提拔；对骄奢而又违犯政令的人，就依法惩办。

◎故事感悟

春秋时期，天下纷乱，各国士大夫都在寻找自己的出路，然而子皮这位郑国的执政大夫十分有眼光，把自己的位子让给年轻有为的子产，这种荐才让贤的做法让人看到了子皮一心报国的忠心。

◎史海撷英

陶朱公深谋远虑

范蠡在帮助勾践灭掉吴国后就悄然而去，他留给文种一封信，信上说："鸟儿打完了，弓箭就要收起来；兔子杀光了，接下来就要杀猎狗了。越王这个人可以和他共患难，但不能同富贵，你为什么不走呢？"文种读完信后深有同感，但又舍不得功名富贵。不久勾践送了一把剑给他，说："你曾经教我伐吴的7种方法，我只用了3种就灭掉了吴国。你那里还有4种，你去教我的父亲吧。"文种只好自杀。

范蠡离开越国后，从海上坐船到了齐国，在海边安了家。他和两个儿子白手起家，很快就积累了几十万家产。齐国人认为他很贤明，想请他当相国。范蠡叹息道："做生意积累千金家产，当官能位列卿相，这是平民的极点了，一直拥有尊名是不吉利的。"他谢绝了齐国人的好意，把家产都分给穷人，到别的地方去了。后来，他在陶这个地方隐居了下来，化名陶朱公，继续做生意，成为一方巨富。

◎文苑拾萃

豫让为主报仇

　　智伯手下有个名叫豫让的人，他早年侍奉过范氏和中行氏。范氏和中行氏被灭后，他去投靠智氏，智伯非常尊敬他，对他浪好。智氏被灭后，豫让逃到深山里，他说："唉，勇士应当为知己而死，就像女人为了喜欢自己的人而打扮一样。智伯是我的知己，我一定要为他报仇之后再死。这样，我的魂魄才会安心。"他改名换姓，装成一个受过刑罚的罪犯去赵襄子的宫里打扫厕所。他身上藏了把匕首，想刺杀赵襄子。有一天，赵襄子上厕所的时候突然觉得心慌意乱，就派人把打扫厕所的人抓起来，结果抓住了豫让，在他身上搜出了匕首。豫让说："我要为智伯报仇！"左右的人都想杀了他，赵襄子说："这是个讲义气的人，我以后躲着他就是了。再说智伯没有后代，而他的臣子还能为他报仇，这是贤人啊！"于是就把豫让放了。

退位让贤协助治国

◎无罕虎（即子皮），则子产之贤不彰。——高士奇

国侨（？—前522），姬姓，国氏，名侨，字子产。春秋时期郑国（今河南新郑）人。著名的政治家和思想家。国侨是郑穆公之孙，公子发之子，所以又称公孙侨。公子发字子国，其后以"国"为氏。

公元前554年，子产任郑国卿后，实行一系列政治改革，承认私田的合法性，向土地私有者征收军赋；铸刑书于鼎，为中国最早的成文法律。他主张保留"乡校"，听取"国人"意见，善于因才任使。采用"宽猛相济"的治国方略，将郑国治理得秩序井然。

　　鲁襄公三十年，郑国的执政者子皮，发现大夫子产是个治国贤才，就想把政权交给子产。子产推辞道："我们国家夹在晋、楚两个大国之间，外交难于展开，而且国内家族势力强大，受宠的贵族又很多，国家很难治理好。"子皮说："我率领他们服从你，谁也不敢违抗你。你好好辅佐国政吧！国家不怕小，小国只要处理好与大国的关系，国家是可以得太平的。"于是子产就接受了任命。

　　子产执政之后，使城乡有区别，上下有职责。田地四界有水沟，住处调整适当。忠贞俭朴的贵族，予以鼓励，骄横奢侈的贵族则依法惩办。子产的政策损害了一些贵族的特权，引起了他们的不满。一个叫丰卷的贵族，因为自己的无理要求没有得到满足，就招兵买马，准备攻打子产，子产准备出奔

齐国。子皮知道这件事，一面劝阻子产，一面把丰卷驱逐出国，局势很快安定了下来。在子皮的支持下，子产把郑国治理得井井有条，国富民强。

◎故事感悟

　　不管是执政者或管理者，当发现别人有高于自己的技能和本领时，就要勇于承认，并对此人加以推荐；当执政者或管理者发现有比自己更懂得如何治理国家或企业的贤才时，就要有肯于让贤的胸襟。出于对国家、人民或企业的富强和稳定来考虑，这种荐才让贤的品格是国家和企业不可或缺的。

◎史海撷英

郑国大迁移

　　郑国，别名奠国，国君为姬姓，伯爵。春秋战国时期重要的诸侯国。周宣王二十二年（公元前806年）封周厉王幼子友于郑（今陕西华县的东方），史称郑桓公。周幽王时期，郑桓公身为周王室的司徒，看出西周马上就要灭亡，于是，在太史伯的建议下，于桓公三十三年（公元前774年）将郑国财产、部族、宗族连同商人、百姓迁移到东虢国和郐之间（今河南嵩山以东），号称新郑（今河南省新郑一带），这是郑国历史上有名的大迁移。桓公三十六年（公元前771年），犬戎杀死周幽王和郑桓公，桓公之子武公即位，继位的郑武公攻灭郐和东虢国，建立了实际独立的郑国，定都新郑。

◎文苑拾萃

宽猛相济治国策

　　子产在执政期间，在施政上采用了以宽为主、柔刚结合的宽猛相济的治国方针，取得显著效果。如在发展生产上，实施丈量土地划定田亩，兴修水利，采用能调动人们的劳动积极性、推动生产发展的措施；在税收制度上进行改革，以丘为单位（一井900亩，四井为一邑、四邑为一丘），规定每丘负担军马一匹、牛三头的上缴任务，改变过去乱摊派的现象；实行广开言路，以改进政府的各项工作；同时下令将国家的法令镌刻在鼎上公布于民，并要求国人都要认真遵守。子产宽猛相济的治国良策，在郑国得到了认真贯彻落实，对当时郑国的经济发展、社会稳定、人民安居乐业起到了积极作用。

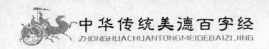
杨翥让贤

◎国有三不祥：夫有贤而不知，一不祥；知而不用，二不祥；用而不任，三不祥。——晏子

> 杨翥（1369—1453）明代官员。字仲举，南直隶苏州府吴县（今江苏苏州）人。杨翥辄解馆舍让之，而自己教授他所。杨士奇心贤之，及贵，荐举杨翥经明行修。宣德时，授翰林检讨，历修撰。正统中诏为郕王朱祁钰府僚，为长史，王即帝位，拜礼部右侍郎，景泰三年晋礼部尚书，给禄致仕。享年85岁。

　　明代，杨翥曾在胥溪一带讲学，学生很多。杨士奇从庐陵（今江西吉安）来，遇到他后，说自己要找一个私塾老师的工作。杨翥发现杨士奇才学深厚，很有好感。他就告诉馆塾主人："我还配不上在你家当老师，应当请我的老师来做老师。"然后就辞职离开。主人询问他所说的"老师"是谁，得知是杨士奇，于是聘请了后者。杨翥最初与杨士奇并无交情，自己家里也贫困，完全出于道义，把讲学的工作让给了杨士奇。

　　杨士奇很感激他，后在内阁任首席大学士时，推荐杨翥进翰林院。不久杨翥官拜礼部侍郎，又晋升为礼部尚书。

◎故事感悟

杨翥与杨士奇并没有太深的交情，因为杨士奇学识渊博，杨翥毅然辞去私塾老师职务，并推荐了杨士奇。所以，我们要学习杨翥这种善于发现别人的长处、谦恭礼让、实事求是地识别人才并推荐人才的高贵品质。

◎史海撷英

杨士奇"溺"令智昏

杨士奇被《明史》誉为"有大雅之明哲"的宰辅。他虽有识人之明，却独不识子。他晚年溺爱其子，莫知其恶，以致无意中充当了罪恶的保护伞，玷污了自己的一世英名。

杨士奇在京城为官长达40余年，提拔官员数以百计，却没有提拔自己的儿子杨稷，也没有给他在京城谋个肥差，这一点做得极有正气，举国上下交口称赞。然而，儿子尽管没有做官，远居老家江西泰和县，却与一般平民百姓大不一样。不仅衣食无忧，日子过得挺滋润，而且身为宰相公子，自然受到不少人的追捧。只是这位官宦子弟不能约束自己，又加上没有父亲的监督，渐渐变得不安分起来。他仗着父亲的权势威望，胆大妄为，横行乡里，公然犯下了几宗人命案。后来，有人便将杨稷"暴横"乡里的实情告诉杨士奇，然而他并无责备之意。再加上杨稷巧言令色，一番作秀，杨士奇竟信以为真，还以为儿子受了天大的冤屈。亲子之爱人之常情，一旦越过道德法律底线，陷入溺爱的泥潭，爱到是非不分、善恶颠倒的程度，再明智的人也会变得昏聩糊涂。杨士奇成为一位糊涂父亲，正是"溺"令智昏的结果。

◎文苑拾萃

《明史》

《明史》，是一部纪传体的史书，二十四史中的最后一部。顺治二年五月，清朝组织《明史》的纂修队伍。全书记载了从明太祖洪武元年（1368年）到明思宗崇祯十七年（1644年）共277年的明朝历史。《明史》共332卷，包括本纪24卷，志75卷，列传220卷，表13卷。其卷数在二十四史中仅次于《宋史》，但其修

纂时间之久，用力之勤却大大超过了以前诸史。修成之后，得到后代史学家的好评，认为它超越了宋、辽、金、元诸史。清史学家赵翼在《廿二史札记》卷三十一中说："近代诸史自欧阳公《五代史》外，《辽史》简略，《宋史》繁芜，《元史》草率，唯《金史》行文雅洁，叙事简括，稍为可观，然未有如《明史》之完善者。"

陈宏谋让贤

◎知贤而让，可以训矣。——赵简子

陈宏谋（1696—1771），字汝咨，号榕门，原名弘谋，晚年因避乾隆（弘历）讳，改为宏谋。临桂（今广西桂林）人。雍正进士历官布政使、巡抚、总督，至东阁大学士兼工部尚书。在外任30余年，任经12行省，官历21职，所至颇有政绩，得乾隆帝信任。革新云南铜政，兴少数民族地区教育；经理天津、河南、江西、南河等处水利，疏河筑堤，修圩建闸。先后两次请禁洞庭湖滨私筑堤垸，与水争地。治学以薛瑄、高攀龙为宗，为政计远大。辑有《五种遗规》。乾隆三十六年卒。谥文恭。

陈宏谋是雍正至乾隆年间的一名重要官员。他从27岁出仕，直至76岁，任要职49年。

乾隆三十六年，陈宏谋已76岁高龄。他自感心有余而力不足，该让贤了。于是他主动上奏告老还乡。乾隆皇帝见奏后，左思右想拿不定主意，准奏吧，殊属可惜，因为陈宏谋在朝任职多年，办事秉公，与自己亲如手足，是一位德高望重的老臣；不准奏吧，眼见陈宏谋确实年事已高。乾隆皇帝想着想着，迷迷糊糊地靠在龙椅上睡着了，在梦中，他梦见了"月落、山崩、海干、花谢"8个大字，就大喊："不好！"这一喊，自己被惊醒了。醒后，乾隆皇帝回味这8个字的意思，越想越可怕，越想越觉得不吉利，当即派人把陈宏谋接到金銮殿。陈宏谋来到金銮殿，与皇帝并坐。皇帝把梦中的情况一一说给陈宏谋听，陈宏谋听了大笑起来，说道："此乃大吉大利也！"乾隆皇帝惊问："此话怎讲？"陈宏谋曰："月落星子明，山崩泽太平，海干龙现爪，花

谢果团圆。"乾隆皇帝听后开怀大笑,称赞他:"才学高明,言之有理!"

君臣谈得十分投机,陈宏谋趁机提及"奏本让贤"一事怎样?乾隆皇帝问道:"朕从未薄待你,你今为何要辞朝?"陈宏谋连忙上奏:"臣见家犬犹念主,又闻古蛇亦恋珠,我今已七十有六,体弱心衰,该让贤了。"陈宏谋接着又把前几年到李员外家祝寿时,众官挖苦他的事对乾隆皇帝说了。原来陈宏谋72岁那年,李员外之父90岁寿辰。庆寿那天,陈宏谋身着青衫去祝寿。客官见了,很瞧不起他,说他"花眼无文"。陈宏谋听了,心里很不是滋味,但细细一想,自己确实是年迈力衰了。现今,他略加思索,对皇帝说:"花甲七十二,眼观四代孙,无故招逢主,文星遇寿星。"乾隆皇帝听后,赞誉道:"奇逢巧对,妙趣横生,含义深邃啊!"陈宏谋答道:"皇上过奖。臣已年老力衰,告辞了,告辞了!"乾隆皇帝知道陈宏谋去意已定,还乡心切,只好婉言相留,说要陈宏谋答对,若对得上下联,就让他告老还乡。乾隆皇帝出上联:"木目心想,想国想家想让贤!"陈宏谋听后,略思片刻,便随口续下联:"言身寸谢,谢天谢地谢皇恩。"乾隆皇帝听后,连连称赞:"绝词,妙对!"当即恩准陈宏谋离职还乡。

◎故事感悟

要想国家繁荣昌盛,人民安居乐业,首先要有一个体恤百姓、英明的执政者,而执政者身边还必须要有忠心辅佐他的大臣。身在其位,必谋其职,像陈宏谋这样主动让贤的大臣,正是一个国家必不可少的人才。

◎史海撷英

《陈宏谋传》评说

《清史稿·列传》卷三百七《陈宏谋传》篇尾对陈宏谋的评论:"乾隆间论疆吏之贤者,尹继善与陈宏谋其最也。尹继善宽和敏达,临事恒若有余;宏谋劳心焦思,不遑夙夜,而民感之则同。宏谋学尤醇,所至惓惓民生风俗,古所谓大儒之效也。于义督军储、策水利，皆秩秩有条理。大受刚正，属史惮之若神明，然论政重大体，非苟为苛察者比。允随镇南疆久，泽民之尤大者，航金沙江障洱海，去后民思，与江南之怀尹继善、陈宏谋略相等。"这篇史传把陈宏谋与同时代的两江总督尹继善从众多的"贤臣名宦"中提高到最贤者了，但仍与云贵总督张允随"略相等"。

◎文苑拾萃

《五种遗规》

　　清陈宏谋辑。清代社会教育和蒙童教育教材，清末中学堂修身科教材。辑者有感于世上多有弊端，遂于公务之余，采录前人关于养性、修身、治家、为官、处世、教育等方面的著述事迹，分门别类辑为遗规五种：《养正遗规》、《教女遗规》、《训俗遗规》、《从政遗规》和《在官法戒录》，总称《五种遗规》。《五种遗规》的成书时间不同，《养正遗规》为乾隆四年（1739 年），《从政遗规》、《教女遗规》、《训俗遗规》分别为乾隆七年七月、九月、十月，《在官法戒录》则为乾隆八年四月。

　　合刻本《五种遗规》始刊于乾隆八年，为南昌府学教授李安民集校本。各《遗规》单行本甚多，以单本形式收入各类丛书、类书亦甚多。而合刻本则不多，除李安民集校本外，尚有同治七年（1868 年）的金陵书局本、楚北崇文书局本，光绪二十一年（1895 年）的浙江书局本等，并收入 1936 年上海中华书局辑《四部备要·子部·儒家》，共计 16 卷。其中《养正遗规》2 卷，《补编》1 卷，《教女遗规》3 卷，《训俗遗规》4 卷，《从政遗规》2 卷，《在官法戒录》4 卷。除通行本外，另有一种刊本，为《在官法戒录》，改列陈宏谋晚年于乾隆三十四年（1769 年）所辑的《学仕遗规》4 卷、《补编》4 卷，主要有光绪十九年（1893 年）上海洋布公所振华堂刊本和宣统二年（1910 年）学部图书局本。

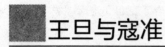

王旦与寇准

◎心诚求之，虽不中远矣。——《礼记·大事》

寇准（961—1023），宋代公文避其讳，文书省"十"作"准"。北宋政治家、诗人，汉族。字平仲。北宋丞相。华州下邽（今陕西渭南）人。19岁时，宋太宗太平兴国中，赴汴梁（开封）会试，进士及第。授大理评事，知归州巴东、大名府成安县。累迁殿中丞、通判郓州。召试学士院，授右正言、直史馆，为三司度支推官，转盐铁判官。天禧元年，改山南东道节度使，再起为相（中书侍郎兼吏部尚书、同平章事、景灵宫使）。皇祐四年，诏翰林学士孙抃撰神道碑，帝为篆其首曰"旌忠"。寇准生活比较奢侈，多有微议。

王旦与寇准，是北宋时期两位著名的宰相，王旦拜相早于寇准。寇准的一生事业不在王旦之下，但仅就推己爱人而言，寇准不及王旦。王旦做宰相时，屡于人前言寇准之长，而寇准却常揭王旦之短。

有一次，王旦又在真宗皇帝面前夸赞寇准，真宗皇帝微笑着对王旦说："爱卿虽然经常在朕面前夸赞寇准，但寇准却总在朕面前说爱卿的坏话。"

王旦神情自若地说："这是理所当然的。臣在相位多年，必有许多过失。寇准对陛下毫不隐瞒臣的过失，不正说明寇准对陛下的忠诚吗？不也说明寇准是一位耿直的人吗？我所以尊重寇准，正在于此。"

真宗皇帝听了王旦的话，含笑不语，心中更加赞赏王旦的贤良。

王旦主持中书省，寇准主持枢密院。有一次，中书省有公文送枢密院，违背了真宗皇帝的旨意。寇准发现后立即上报皇帝，结果使王旦及中书省所有官员都受到了责罚。

巧得很，事情没过一个月，枢密院有公文送中书省也同样违背了真宗皇帝的规定。中书省官员抓住了寇准的把柄，想乘机报复。一位官员非常高兴地将此事报告给王旦，劝王旦奏于真宗皇帝，给众官员出口气。但是，王旦却严令这位官员把公文送还枢密院，并让他当面指出公文的错误。

这位官员拿着公文到枢密院，把事情的原委都告诉了寇准，寇准羞愧难当，亲自送这位官员离开枢密院。

寇准回到府中，在室内踱来踱去，回想起一件件往事：与王旦同榜得中，两人互相勉励，朝中议事，二人常常不谋而合。自己受小人谗言，被降职处分，王旦愤愤不平；被贬之后，王旦想方设法让真宗皇帝召回自己……

但是，自己为什么常常在真宗皇帝面前说王旦的坏话呢？为什么多次顶撞他？为什么见到他的过错就抓住不放，与他为难呢？……

寇准越想越后悔，越想越羞愧。想起战国时期廉颇负荆请罪的事，寇准立即来到王旦府上，一见王旦，纳头便拜。

王旦大吃一惊，忙上前搀扶寇准。寇准不起，死死跪在地上说："寇准请罪，寇准请罪！"

"这从哪里说起？人非圣贤，孰能无过。"王旦边说，边拉住寇准的胳膊，把他扶起来，请他入座。

寇准感叹道："老同年，我真佩服你有这么大的度量呀！"

不久，王旦得病，面容憔悴，真宗皇帝问他谁可继承相位。王旦先是不肯开口，最后还是说："以臣之愚见，莫如寇准。他人，臣所不知也。"

"寇准性情刚偏，有人奏于朕，说寇准过生日，筑大棚，设次宴，欲与朕相比。"

王旦愤愤不平地说："望陛下勿听小人进谗。寇准乃当今贤良之士，忠心耿耿。他的雄才大略，是社稷不可缺少的。寇准生辰，拜贺的人川流不息，不正说明他德高望重吗？说他想与陛下相比，纯属谗言。陛下任用寇准，江山可以安保！"

真宗皇帝听了王旦的话，微笑着点了点头。

寇准每天散朝后，都要到王旦床前问候。有一次，寇准眼含热泪说道："王大人，有何教我？"

王旦声音低微地说："眼看我就不行了。临别要说的话，就是要注意平等待人，既不要使人感念自己的恩惠，也不要让人惧怕自己的威严……"

寇准感动得热泪直流，久久不肯离开王旦的病榻。

王旦去世不久，真宗皇帝便依照王旦遗言，任命寇准为宰相。

寇准入朝拜谢说："谢主上圣恩，要不是陛下了解臣，怎么能任命臣再为宰相呢？"

真宗皇帝潸然泪下，把王旦举荐寇准的话从头至尾复述了一遍。

寇准听了，泪流满面，深感愧疚地说："臣对不起王旦，他的见识、品德是臣所不及的。"

退朝之后，寇准再次来到王旦府中，对着王旦亡灵拜了三拜，思念王旦的巨大悲痛压得他喘不过气来。他仰望着王旦的灵牌默默悼念，久久不肯离去。

◎故事感悟

王旦对同僚能够以正确的心态对待，凡事都从国家大局着想，而不是想着自己所受的委屈，因此，他对人对事总能有正确的看法，不计前嫌而竭尽全力去推荐贤人，这种精神值得我们学习。

◎史海撷英

清官能官李皋

李皋到基层巡视的时候，看见一位头发花白的老妇在路边哭，他好言相劝，问她为什么哭。老妇说："我有两个儿子，他们在外面做官二十年都没有回来过一次，我穷得活不下去了。"当时那两个人因文章写得好而考取的进士，现在都担任要职，名望很高。李皋叹道："在家里行孝，离家后要关心兄弟，有余力才能学文。像他们两个这样怎么能当大臣？"于是上奏章弹劾那两人，结果两人一起被除名，并永不录用。李皋调任到处州担任别驾，并代理知州一职，政绩斐然。后来他因为小事而犯了法，被贬到潮州当刺史。御史来查办他的时候，他怕母亲担心，所以在外面的时候穿平民衣服，回到家里就换上官服，一副若无其事的样子，他母亲一直都不知道他出事了。被贬到潮州的时候他谎称是升官，官复原职后才哭着向母亲吐露实情。

◎文苑拾萃

面丑心恶的卢杞

卢杞是"老好人"卢怀慎的孙子，他父亲卢奕在"安史之乱"中遇害，算是出身忠义世家。由于父亲为国捐躯，卢杞得以当官，仕途还算顺利。可不知道为什么，祖父和父亲的忠心并没有遗传到他身上。

卢杞长得浪丑，脸色发青，人们看到他像看到鬼似的。卢杞不在乎穿破衣、吃粗食，别人以为他能继承祖父卢怀慎的清廉品行，没有识破他的真面目。卢杞担任御史中丞的时候，当时郭子仪生病，大臣们都去看望他。郭子仪为人宽厚，别人来的时候他也不让姬妾回避。听说卢杞来了，他赶紧让姬妾们走开，独自一人等卢杞进来。卢杞走后，家里人问他为什么要这样做，郭子仪回答："卢杞这个人面目丑陋且心胸狭窄，她们看到他那张脸肯定会发笑，这样就得罪了他。如果他执掌大权的话，我们家就完了。"

卢杞深得皇帝的宠爱，浪快就升任宰相。但他不思报效国家，反而嫉贤妒能，陷害忠良，谁要是稍微违背了他的意思，就一定会被他害死。杨炎因为卢杞长得丑，品行也不好，以前在御史台工作的时候就浪看不起他。等到卢杞掌权后，杨

炎就被诬陷，发配到崖州去了。朱泚谋反的时候，将唐德宗赶到了奉天，卢杞对崔宁老是提起这件事感到很不舒服，就在德宗面前诬陷崔宁和朱泚有勾结，结果把崔宁害死了。郑詹和张镒是好朋友，郑詹每次趁卢杞午睡的时候就去找张镒说话。卢杞知道后就假装睡着，等到郑詹来的时候，他突然起来跑进张镒的房间。郑詹赶紧躲了起来，卢杞装作没看到，就和张镒说起了机密的事。张镒说："郑詹在这里，不要说这些。"卢杞装作吃惊的样子说："刚才说的那些可不能让别人知道了啊。"因为偷听朝廷机密是很大的罪状，所以卢杞借这个机会陷害郑詹。结果郑詹被杀，张镒不久之后也被免去了官职。

刘基让相

◎诚其意者，毋自欺也。——《礼记·大学》

刘基（1311—1375），字伯温，谥曰文成。温州文成县南田人（旧属青田县），故时人称他刘青田。明洪武三年封诚意伯，人们又称他刘诚意。武宗正德九年被追赠太师，谥文成，后人又称他刘文成、文成公。元末明初军事家、政治家及诗人，通经史、晓天文、精兵法。他以辅佐朱元璋完成帝业、开创明朝并尽力保持国家的安定，而驰名天下，被后人比作诸葛亮。朱元璋多次称刘基为："吾之子房也。"在文学史上，刘基与宋濂、高启并称"明初诗文三大家"。

　　1360年（至正二十年），刘基被朱元璋请至应天（今南京）任谋臣，展现出一个战略家的才能。刘基针对当时形势，向朱元璋提出避免两线作战、各个击破的政策，被采纳。他辅佐朱元璋集中兵力先后灭陈友谅、张士诚等势力。刘基建议朱元璋一方面脱离"小明王"韩林儿自立势力，另一方面以"大明"为国号来招揽天下义师的民心。1367年（至正二十七年），他参与制定朱元璋的灭元方略，并得以实现。1370年（明洪武三年），为嘉勉刘基的功荣，朱元璋授命刘基为弘文馆学士。十一月朱元璋大封功臣，本想封刘基为丞相，但刘基却一再推脱。

　　起初，明太祖因事谴责丞相李善长，刘基说："善长是老功臣，能使将领们和谐。"太祖说："这个人屡次加害于你，你怎么让他做丞相呢？我将任命你为丞相。"刘基叩头拜谢说："任免丞相犹如换顶梁柱，必须用大木料。若捆小木料做柱子，大厦则会立刻倾覆。"李善长被罢免相位后，明太祖想让杨宪做丞相。杨宪平素与刘基交好，刘基却竭力说杨宪不能做丞相，他说："杨宪有做丞相的才能，但没有做丞相的气量。作为丞相，他的心要像水一样清平，要以经义、名理作为衡量是非的准则，而自己不能参与其中。杨宪则不是这样。"明太祖问汪广洋怎么样，刘基说："这个人的狭隘浅薄几乎超过杨宪。"太祖又问胡惟庸行不行，刘基说："把他喻为驾车的马的话，怕他要把车弄翻。"明太祖说："做我丞相的人，实在没有人能超过你。"刘基说："我这人嫉恶如仇，又禁不起事务繁重，做了丞相将要辜负皇上的恩惠。天下之大怎能没有人才，唯有圣明的皇上尽心去寻求了，眼下这几个人实在看不出哪个是适合的。"后来杨宪、汪广洋、胡惟庸全都在相位上身败名裂，被朱元璋一一处死。

◎故事感悟

刘基是个十分有头脑的人，当朱元璋让他为丞相时，他深知自己的才能，坚决推辞了；朱元璋又与他商量谁能为相时，他深刻地分析了朱元璋提出的几个人都不适合为相的原因，而建议朱元璋去寻找更好的人才为相。他这种为了江山社稷高风亮节的品质值得学习。

◎史海撷英

刘基与朱元璋

刘基两颊生着蜷曲的胡须，体态既高又魁伟，胸襟开阔且有节操，谈到国家大事，情感表现于外。明太祖朱元璋知道他非常忠诚，把他引为亲信。每次召见刘基，常是让别人避开密谈多时，刘基也自以为遇到知己，凡自己知道的没有不说的。遇到紧急和困难的事，刘基的勇气就被激发出来，计谋立即确定，别人不能猜度。他得空就详细论述以仁义治理天下，明太祖总是恭敬地去听，常常称刘基为"老先生"而不叫他的名字，说："刘基是我的张子房。"又说："刘基屡次用

孔子的话教导我。"但是都是私下讲的话，没有公开，不知详情，而世上所流传
关于他的神秘莫测的事，多是迷信的说法，并不是真实的。

◎文苑拾萃

旅　兴

（明）刘基

倦鸟冀安巢，风林无静柯。

路长羽翼短，日暮当如何？

登高望四方，但见山与河。

宁知天上雨，去去为沧波。

慷慨对长风，坐感玄发皤。

弱水不可航，层城岌嵯峨。

凄凉华表鹤，太息成悲歌。

陶谦让城不传子

◎非知之难，其在行之信。——晋·陈寿

> 陶谦（132—194年），字恭祖。丹杨（今安徽当涂东北）人。汉末群雄之一，官至安东将军、徐州牧，封溧阳侯。

东汉末年，军阀纷争，战乱不已。当时的徐州刺史陶谦宽厚容让，廉洁贤明，深得官民的拥戴。陶谦感到自己年事已高，应当选一个有才能的人，早日接替自己，为徐州百姓造福。他有两个儿子，但都不成器，没有能力，又不宽容。他认为让他们接任，会给徐州百姓带来灾难。

有一年，陶谦的部将张闿杀了曹操的父亲曹嵩，曹操就亲率大军攻打陶谦，扬言血洗徐州。刘备和孔融应陶谦的请求，带兵前去救援。刘备英勇善战，舍死忘生，打退曹军，首先进入了徐州城。

陶谦早就听说过刘备礼贤下士，宽宏大度，今日一见，更觉得他胸怀大志，出语不凡，决定把徐州让给他管辖。于是就命人把徐州刺史的官印取来，双手递给刘备。

刘备愕然，慌忙起身离座，连连摇手，说："您这是什么意思？"

陶谦诚挚地说："现在天下大乱，生灵涂炭，你才能卓越，又年富力强，正是为国为民尽忠出力的时候。我已年迈，又缺少能力，情愿将徐州相让。请你接受我的委托，收下印信。我马上写表，申奏朝廷，望你不要推辞。"

刘备听后，坚决地说："我功微德薄，现在担任平原相还担心不称职，怎么敢接受徐州之任？我本为解救徐州而来，现在让我得到徐州，是陷我于不仁不义之地。您莫非怀疑我有吞并徐州之心吗？万万不能从命。"

陶谦再三相让，刘备坚辞不受。谋士们说："现在兵临城下，还是商议退敌之策要紧，等形势稳定下来，再相让不迟。"陶谦只好暂时放下此事。

刘备写信给曹操，劝他讲和。曹操正好接到报告，说是吕布已经袭取了兖州，占领了濮阳，正向自己的大本营进军，就趁势给刘备个人情，撤军而回。

在庆功宴结束以后，陶谦又请刘备坐于上首，当着众人的面，第二次提出让贤，他说："我已风烛残年，两个儿子缺少才能，担任不了国家重任。刘公德高才广，又是汉朝王室的后代，我认为由他担任徐州刺史，最合适不过了。我情愿拱手相让，闲居养病。"

刘备接连摇头，说："我来救徐州，为的是急人之难，现在无缘无故地据而有之，普天下的人就会认为我是乘人之危，说我是无仁无义之人。那我只好告辞了。"

陶谦流着泪说："你若不答应，离我而去，我是死不瞑目啊。"

孔融、刘备的部下、陶谦的部下，都劝刘备接任。张飞快言快语地说："你又不是强要他的州郡，是陶刺史好心相让，何必苦苦推辞。"但刘备执意不受。最后，陶谦只好说："刘公一定不肯答应，那就暂时放下这件事。不过，在这附近有座小城叫小沛，请你暂在那里驻军，帮我保卫徐州，不要再回平原了。"刘备勉强答应了这个请求。

不久，陶谦忽然患了病，而且一天比一天沉重。他知道将不久于人世，决定第三次向刘备提出让徐州，就以商议军务的名义，派人从小沛把刘备请进府中。

刘备赶到时，陶谦已经奄奄一息，他紧紧握住刘备的手，说："请刘公来，就是让你接受徐州印信，你还要以国家为重。由你来治理徐州，我死也瞑目了。"

刘备说："您有两个儿子，为什么不传给他们？"陶谦说："他们缺乏治理政事的才能。我死后还希望你好好教导他们，但万不可传位于他们。"刘备还要推托，但见陶谦手指胸口，慢慢地咽了气。

徐州官民遵照陶谦的遗言，一致拜请刘备接受官印，刘备推辞不了，只

好答应暂时管理徐州。

刘备决心匡扶汉室，但不掠人之美；陶谦为了徐州百姓，真心让城，不传给儿子。他们两人可算是遵行谦恭礼让的典范。

◎故事感悟

陶谦在病重奄奄一息时，将徐州让与刘备治理，而没有交给自己的儿子。他心里十分清楚两个儿子没有治理的才能，而刘备却具备条件。为了全城百姓他真心让城，被后人传为美谈。

◎史海撷英

曹丕称帝

曹操死后，曹彰领大军10万往许昌而来。曹丕大惊失色，他慌忙派出谏议大夫贾逵去劝服曹彰不要造反。贾逵口才极好，几句话就把有勇无谋的曹彰说服了。曹彰将兵权交给曹丕，为曹操奔完丧后，又回鄢陵守卫去了。

曹丕又忌怕曹植争夺他的王位，急忙召曹植回许昌。曹丕一心想置曹植于死地，曹丕的母亲不让曹丕杀曹植。华歆为曹丕献策，要曹植七步之内作一首诗。如果作不出来，就杀掉；如果作得出来，就放曹植走。

曹植在七步之内就作好了一首诗。曹丕不肯善罢甘休，又命令曹植以兄弟为题写一首诗。曹植马上就写好了。曹丕把曹植贬为安乡侯后，没再为难曹植。

曹熊早在曹丕加害曹植的时候，就畏罪自杀了。

汉中王刘备听到曹丕威逼汉献帝的消息，整日都坐立不安。廖化奔回成都告诉刘备，关公父子遇害，刘封、孟达有很大责任，应该先杀掉刘封、孟达。

诸葛亮为刘备献策，不要急于出兵进攻刘封、孟达。诸葛亮使用了一个挑拨离间计令刘封和孟达相互攻打。孟达和刘封中计后果然自相残杀，孟达投降了曹丕。刘封最后被刘备杀死。

曹丕称王之后，嘉赏文武大臣，朝中大小官僚都想让曹丕当皇帝。

曹丕手下谋士华歆等人冲入皇宫，威逼汉献帝让位给曹丕。曹洪、曹休也带兵进宫逼汉献帝退位，让曹丕当皇帝。汉献帝害怕华歆、曹洪等人杀他，只得让位给曹丕。

曹丕登上受禅台，改国号为魏，追封曹操为太祖武帝。

◎文苑拾萃

刘备娶妻

荆州刘琦突然病死，鲁肃奉东吴孙权之命来向刘备讨还荆州。诸葛亮写下文书，答应如果攻下西川便归还荆州。鲁肃没有办法，只好拿着那一张文书向孙权回命。

周瑜知道是诸葛亮使的计谋，于是，他和孙权商量出一条计谋，就是乘刘备刚刚死了甘夫人的时候，把孙权的妹妹嫁给刘备，要刘备亲自到东吴迎娶孙权的妹妹。然后等刘备一到便扣留他，要诸葛亮送还荆州后才放回刘备。

孙权也称赞周瑜这条计策很妙，于是派出吕范去说服刘备来东吴迎娶孙权的妹妹。

诸葛亮吩咐刘备去娶亲，又派出赵云保护刘备，临走时还给了赵云3个锦囊。锦囊里藏有妙计，遇到困难的时候，可以打开观看并按照计策去做。

刘备一到南涂州，赵云便打开了第一个锦囊。锦囊妙计是叫赵云命令所行500名人马披红挂彩，大放鞭炮，四处告诉南涂州百姓刘玄德要娶东吴孙权的妹妹。这件事情一传出去，江东百姓几乎是无人不晓、没人不知。刘备首先拜见了乔国老，乔国老又把这件事情告诉了孙权的母亲吴国太。吴国太在孙权的面前大哭大闹，把孙权弄得很为难。

吴国太在甘露寺接见了刘备，她见刘备长得仪表非凡，有龙凤之姿，便答应把女儿嫁给刘备。

 孙敬良院士让贤

◎尊贤使能，俊杰在位。——孟子

孙敬良（1930— ），液体火箭发动机与运载火箭设计专家。1958年毕业于苏联茹科夫斯基军事航空工程学院飞机与航空发动机专业。孙敬良院士是中国早期液体火箭发动机理论研究创始人之一。他主持研制的"风暴一号"改进型火箭1981年"一箭三星"发射成功，使中国成为世界上第三个能发射一箭多星的国家。1982年任"长征三号"火箭副总设计师，为1984年火箭成功发射地球同步卫星作出重要贡献。1979年任"长征四号"火箭总设计师，1988年和1990年火箭两次发射气象卫星均获圆满成功。

北京时间2005年7月6日6时40分，由我国自行研制的"长征二号丁"运载火箭在酒泉卫星发射中心顺利升空，将"实践七号"科学试验卫星成功送入太空预定轨道。

担任此次发射任务的"长征二号丁"运载火箭总设计师是40岁的马佳，而前任总设计师是孙敬良院士。

上海航天局为让年轻人才脱颖而出，中国工程院院士孙敬良首先主动让贤，将"长征"系列火箭总设计师的"帅印"交了出来，35岁的马佳成为"长征二号丁"火箭的总设计师，"我们的希望在年轻人身上，只有把年轻人培养出来，我们才放心。""让位"之时，孙敬良动情地说。而在之后的任务中，每逢重要节点，马佳都会向孙院士请教，马佳说："孙老站在身后，感觉踏实。"

如今，马佳已经将"长征二号丁"运载火箭发射队队长、总设计师、总指挥兼于一身，他是航天科技集团公司八院最年轻的火箭"两总"（总指挥兼总设计师），并于2005年5月获得第九届中国青年"五四"奖章。

◎故事感悟

所谓"人才辈出"，只有经验丰富且资历较深的前辈把锻炼的机会让给后辈，把实践中的经验传授给后辈，后辈才有崭露头角的机会。所以，当科学工作者取得一定成就时，就要为中国科学文化事业的传承着想，把更多机会让给有贤能的后辈，使国家的千秋大业后继有人。

◎史海撷英

纪念航天事业创建50周年

以"长征"系列运载火箭闻名的中国运载火箭技术研究院在5位参加过长征的老红军见证下，于2006年10月8日上午举行了"接过长征旗，走好航天路"升授旗仪式，纪念红军长征胜利70周年和航天事业创建50周年。

中国运载火箭技术研究院是中国航天事业的发源地。1956年10月8日，它的前身——国防部第五研究院成立，标志着中国航天事业从此起步。

航天事业创建50周年纪念日的上午9时30分，研究院近千名员工在雨中伫立，注视着五星红旗和代表航天事业的旗帜在国歌声中冉冉升起。

自1970年4月"长征一号"运载火箭在酒泉卫星发射中心顺利升空以来，中国"长征"系列火箭已经成功发射近百次，被誉为"中国第一、世界名牌"。

升旗结束后，院长吴燕生从老红军李中权手中接过一面有232名老红军签名的红旗。吴燕生说："航天精神和长征精神是一脉相承的。不仅如此，红军在长征中那种不怕困难、百折不挠的作风一直激励着民族复兴的整个进程。"

曾在长征中担任红一军团政委的聂荣臻元帅，是中国国防科技尖端事业和航天事业的奠基人。率17勇士强渡大渡河的孙继先则在长征胜利22年后担任了酒泉卫星发射中心的前身——中国第一个导弹综合试验靶场的第一任司令员。

◎文苑拾萃

中国青年"五四"奖章

中国青年"五四"奖章是共青团中央、全国青联授予青年的最高荣誉，原则上每年"五四"青年节授奖，有特殊贡献者，可以随时授予。

中国青年"五四"奖章获得者来自各行各业，是中国改革开放和社会主义现代化建设实践中涌现的优秀青年典型。他们的先进事迹集中体现了当代青年报效祖国、热爱人民的崇高理想，艰苦奋斗、无私奉献的高尚情操，锐意进取、勇于探索的创新精神，不畏艰难、不折不挠的坚韧品格，爱岗敬业、脚踏实地的实干作风。他们的事迹充分反映了党和人民对青年一代的期望和要求，集中体现了当代青年崭新的时代风貌，昭示了在新世纪的伟大证程中当代青年成长成才的必由之路，他们是全国广大青年学习的榜样。

华罗庚与陈景润

◎推诚心不为虚美，行己谨俭，而与有功者无所恡
惜。——晋·陈寿

> 华罗庚（1910—1985），江苏金坛人。当代世界著名的数学家。他初中毕业，自学成才，在数论、矩阵几何学、典型群等许多领域都作出卓越贡献。著有论文200多篇，专著十几本。

华罗庚虽然成就卓著，仍十分谦虚。他有一篇数学名著叫《堆垒素数论》，自发表以来赞誉不绝。

年轻的厦门大学图书管理员陈景润，在研究华罗庚《堆垒素数论》时，发现这篇名著在阐述它利问题上有重大谬误。经过反复研究，陈景润确信自己的见解正确无疑，就写了一篇驳斥该谬误的论文，附以短信，一并寄给华罗庚。信中写道："您是数学王国里的一颗明星，照亮我这个数学爱好者的眼睛，我不胜感激。但是，明星上也可能有微尘，我愿帮助拂去。"

华先生看了信，读了论文，激动不已，拍案叫绝："对，对，太对了！反驳得如此中肯，如此有力！"他若有所思，说："这位年轻人身上，该蕴藏着多么大的潜能啊！"

1956年，中华人民共和国第一次数学讨论会在北京召开，华老主持这次会议。当他走上主席台时，宣布的不是大会开始，而是另外一件人们意想不到的事情："一位年轻人，给我寄来一篇论文和一封信，对我的《堆垒素数论》

中的它利问题提出了商榷，弥补并改进了它利问题。"说这话时，华老显得那么深沉，那么庄重："我提议破格接受这位年轻人参加数学学术讨论会！"

会场上响起了热烈的掌声，经久不息，一些老一辈数学家落下了热泪。大家是为年轻一代数学爱好者的进取而激动，更是为老数学家的谦虚而激动。

后来华罗庚就把陈景润调到中国科学院数学研究所，留在自己身边……

后来，陈景润摘取了数学王冠上的明珠，攻克了200年来世界著名数学难题——哥德巴赫猜想，也成为著名的数学家。

◎故事感悟

华罗庚与陈景润是中国著名的数学家，他们在数学领域都作出了令世人瞩目的成绩，两人之间的故事也传为佳话。从以上故事中，我们看到老一辈科学家金子一般的赤诚心。

◎文苑拾萃

哥德巴赫猜想

1729—1764 年，哥德巴赫与欧拉保持了长达 35 年的书信注来。在 1742 年 6 月 7 日给欧拉的信中，哥德巴赫提出了一个命题。他写道："我的问题是这样的：随便取某一个奇数，比如 77，可以把它写成 3 个素数（就是质数）之和：77 ＝ 53 ＋ 17 ＋ 7；再任取一个奇数，比如 461，461 ＝ 449 ＋ 7 ＋ 5，也是 3 个素数之和，461 还可以写成 257 ＋ 199 ＋ 5，仍然是 3 个素数之和。这样，我发现：任何大于 5 的奇数都是 3 个素数之和。但这怎样证明呢？虽然做过的每一次试验都得到了上述结果，但是不可能把所有的奇数都拿来检验，需要的是一般的证明，而不是个别的检验。"欧拉回信说："这个命题看来是正确的。"但是他也给不出严格的证明。同时欧拉又提出了另一个命题：任何一个大于 2 的偶数都是两个素数之和，但是这个命题他也没能给予证明。不难看出，哥德巴赫的命题是欧拉命题的推论。事实上，任何一个大于 5 的奇数都可以写成如下形式：2N ＋ 1 ＝ 3 ＋ 2（N － 1），其中 2（N － 1）≥ 4。若欧拉的命题成立，则偶数 2N 可以写成两个素数之和，于是奇数 2N ＋ 1 可以写成 3 个素数之和，从而对于大于 5 的奇数，哥德巴赫的猜想成立。

但是，哥德巴赫的命题成立并不能保证欧拉命题的成立，因而欧拉的命题比哥德巴赫的命题要求更高。

蔡元培：称新生为"先生"

◎纸上得来终觉浅，绝知此事要躬行。——陆游

蔡元培（1868—1940），字鹤卿，又字仲申、民友、孑民，乳名阿培，并曾化名蔡振、周子余。浙江绍兴山阴县（今绍兴县）人，原籍浙江诸暨。革命家、教育家、政治家。中华民国首任教育总长，1916—1927年任北京大学校长，革新北大，开"学术"与"自由"之风；1920—1930年，蔡元培同时兼任中法大学校长。

　　1916年冬季，蔡元培就任北京大学校长。那时的交通工具很简陋，走马上任还需要坐马车，当蔡元培从马车上下来以后，看见学校门口，有许多人在夹道迎接。原来，这是学校的规矩，工友们必须遵循礼仪表示欢迎。随行人员对蔡先生说了声："您请。"蔡元培一边往前走，一边脱帽向两边欢迎他的工友们致意，并和颜悦色地对工友们点头致谢，不住地说道："谢谢诸位，大家辛苦了！"工友们见此情景非常感动，纷纷赞叹道："蔡先生真是一位平易近人的好人啊！"这件事情要是发生在今天，当然没有什么可以大肆宣扬的。但在刚刚推翻封建帝制的民国初期，蔡元培抛弃了旧官场上的那一套官礼陋习，对普通百姓谦恭礼让，这种礼待庶人的行为，不能不令人佩服。

　　当时，有一位叫马兆北的学生，考取了向往已久的北京大学。报到那天，晴空万里，马兆北踏着轻快的脚步迈入北京大学的校门。谁知一进大门，就看见一张公告：凡新生来校报到，一定要交一份由现任的在北京（北平）做官的人签名盖章的保证书，才能予以注册。

　　马兆北看完公告以后，欢快的心情一下子烟消云散，一种被愚弄的感觉涌上心头。他怀着愤愤不平的心情，给蔡元培校长写了一封信。信中写道："我不远千里而来，原是为了呼吸民主空气，养成独立自尊的精神。不料还未入学，就强迫我到臭不可闻的官僚面前去磕头求情，未免令我大失所望。我坚决表示，如果一定要交保证书，我就坚决退学。"言语中不免流露出对以蔡元培为首的校方的不满。信发出去以后，马兆北并没有抱多大的希望，本来嘛，人家是举国上下大名鼎鼎的校长，自己只不过是一个名不见经传的新入学的学生，能有什么好的结果呢？不过是借此保持一下自己的自尊，发泄一下自己心中的愤恨而已。于是，马兆北开始收拾行装，准备追求自己新的前程。

　　谁曾想，没过几天，马兆北突然收到一封来信，猜了半天也猜不出究竟是谁写给自己的。打开一看，见开头写着"元材先生"（即马兆北先生），急忙再看下边的署名，居然是蔡元培校长的亲笔"弟元材谨启"。马兆北激动得差点儿喘不过气来，他稳定了一下情绪，急忙阅读全文，只见信中写道："查德国各大学，本无保证书制度，但因本校是教授治校，要改变制度，必须由教授会议讨论通过。在未决定前，如先生认为我个人可以作保的话，就请到校长办公室找徐宝璜秘书长代为签字盖章。"

　　信中表现出蔡元培虽然身为一校之长，但他办事绝不擅作主张，独断专行，而是认真遵守学校的规章制度，尊重教授和教授会议所作出的决定，尽管他本人也对交保证书的做法并不赞同。字里行间洋溢着蔡元培对学生发自内心的诚恳之情。马兆北读完信后，心情很不平静：蔡元培校长在百忙之中，竟然对我这样一个不知深浅的毛头小子以礼相待，真是令人刻骨铭心，难以忘怀。后来，马兆北在一篇回忆录中这样写道："这件事使我一辈子受到了深刻的影响。"

◎故事感悟

　　蔡元培先生这位中国近代史上著名的教育家，为了答复一名学子的质疑而亲笔回信，并想方设法使之入学，这在当时是难以想象的。在处理此事的过程中，

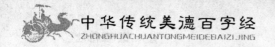
他尊重学校固有的规矩，不独断专行，从中可以看出蔡元培所具有的谦恭美德。他虚怀若谷，不愧为教育大家。

◎文苑拾萃

新文化运动的先驱

当时，最有影响的文化界人物是鲁迅和胡适。鲁迅和胡适都曾是新文化运动的倡导者，都取得过成绩。可后来，他们走上了不同的人生道路。

胡适虽然倡导并推进了新文化运动，但是对学生爱国运动却持反对态度。他信奉他的老师——美国实用主义哲学家杜威的思想，曾经提出"多研究些问题，少谈些'主义'"，实际上是反对马克思主义在中国传播。因为这点，李大钊写文章批评过他。在其后来的著作中，胡适又鼓吹实用主义，宣扬"有用就是真理"，攻击学生运动"呐喊救不了国家"、"排队游行，高喊'打倒英日强盗'算不得救国事业"。这种思想，使胡适在行动上贸然与革命相对立。九一八事变后，胡适发表文章拥护蒋介石"攘外必先安内"的政策，可同时又号召在中国推行"全盘西化"，主张建立美国式的民主政府。这点，他又和搞独裁的蒋介石不一致。作为学者，胡适学识渊博，对中国文化有许多独到的见解。

五四运动后，鲁迅发表了一系列反帝反封建的小说和散文，如《阿Q正传》、《祝福》等。他支持学生爱国运动，被北洋军阀政府视为眼中钉，遭到通缉迫害。1926年秋，鲁迅辗转南下，来到革命的策源地——广州。在这里，他认识了中共早期领导人陈延年，做了长时间倾谈，对马克思主义理论有了一定的认识。1927年后，他定居在上海。此后，他的创作以短小精练、战斗性很强的杂文为主。

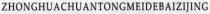

ZHONGHUACHUANTONGMEIDEBAIZIJING
中华传统美德百字经

让·谦恭礼让

第四篇

礼让成德

韩偓荐相

◎知之难，不在见人，在自见。——《韩非子·喻老》

> 韩偓（844—941），字致尧，小字冬郎，自号玉山樵人。京兆万年（今陕西西安）人。龙纪元年（889年）进士。历任左拾遗、刑部员外郎、翰林学士、中书舍人、兵部侍郎等职。昭宗倚重之，欲拜相，固辞不受。后因忤朱温，两遭贬谪。又诏复为翰林学士，拒不赴任，入闽依王审知。他十岁能诗，李商隐赞为"雏凤清于老凤声"。诗多感时伤乱之作，颇具风骨。而其《香奁集》则轻薄香艳，开"香奁体"诗风。有《玉山樵人集》。

韩偓性格直率，从不掩饰自己，他曾经说："士人如果有高洁的品行，就不必用自己的长处来显示别人的短处，用自己的清高来显示别人的污浊。"即使家里的男女仆役互相争骂、拉扯以至于跌倒在面前，韩偓也不斥责他们，说："如果发怒的话，就是自己多事了！"

中书舍人令狐涣做事机智灵巧，皇帝曾想让他执掌国政，不久又后悔了。韩偓说："令狐涣家两代任宰相，对以往的国政很熟悉，陛下已经许诺了他。如果许诺了令狐涣可以改变，那许诺了我就不能更改了吗？"皇帝说："我又没有当面任命，怕什么？"韩偓于是推荐御史大夫赵崇，说他刚正稳重，是朝廷内外的典范。皇帝知道赵崇是韩偓的门生，十分感叹他能如此谦让。

◎故事感悟

韩偓性格坦率，什么事都不掩饰，自己对皇上也是有什么说什么。在那个时代，实属难能可贵，因此他成为皇帝信任的大臣。为了国家社稷，他出以公心地推荐了自己的门生做宰相，受到皇上的敬重。

◎史海撷英

韩偓生平

韩偓与韦庄都是唐代最后一批诗人。当时宦官弄权，军阀跋扈，昭宗李晔于光化三年十一月被左右军中将刘季述逼迫退位，囚于东宫少阳院。韩偓与宰相崔胤定策诛杀刘季述。天复元年（901年）正月，昭宗复位，崔胤晋爵为司空，韩偓等赐号功臣。五月，擢升为翰林学士，甚得昭宗信任，屡次召对，问以机密大事，因此为宦官所忌，攻讦韩偓漏泄宫禁中语言，阻止昭宗再召见他。十月，朱全忠逼帝幸凤翔，韩偓追至鄠县，见帝恸哭。至凤翔，迁兵部侍郎，进承旨。三年正月，帝还京师。二月，因为朱全忠所恶，被贬为濮州司马。临行时，昭宗秘密与韩偓泣别。韩偓说："朱全忠比以前那些人更坏，我降官而死，也许是幸事，实在不忍看见他做出篡弑的罪行。"以后又被贬为荣懿尉，徙邓州尉。天祐元年（904年）四月，朱全忠逼帝迁都洛阳。八月，朱全忠弑帝于椒殿。天祐六年，召韩偓为学士。韩偓不敢入朝，举家南迁，至福建，依王审知。后唐同光元年（923年），卒于南安之龙兴寺，终年80岁。韩偓一生的政治生活非常复杂。他和昭宗有心意相通。崔胤是朱全忠的人，韩偓帮助崔胤，密谋诛杀刘季述，是借朱全忠之力肃清了宦官势力。但诛杀刘季述的功臣中也有宦官，这些宦官分为两派，一派是朱全忠的人，一派是李茂贞的人。刘季述的被杀，造成了新的一派宦官势力。韩偓和昭宗屡次密谈，既为新兴的两派宦官所忌，又为朱全忠所忌。韩偓虽然想为昭宗效忠，内诛宦官，外制军阀，以保全李唐政权，但他毕竟是个手无寸铁的文人，对此无能为力。终于被朱全忠放逐，眼看着昭宗被弑，结束了唐代的历史。

◎文苑拾萃

寒食夜

（唐）韩偓

恻恻轻寒翦翦风，　小梅飘雪杏花红。

夜深斜搭秋千索，　楼阁朦胧烟雨中。

朱熹教子弟访名师

◎君子之德风，小人之德草，草上讽必偃。——《论语·颜渊》

> 朱熹（1130—1200年），字元晦，一字仲晦，号晦庵、晦翁、考亭先生、云谷老人、沧洲病叟、逆翁。南宋江南东路徽州府婺源县（今江西省婺源）人。19岁进士及第，曾任荆湖南路安抚使，仕至宝文阁待制。为政期间，申敕令，惩奸吏，治绩显赫。南宋著名的理学家、思想家、哲学家、教育家、诗人，闽学派的代表人物，世称朱子，是孔子、孟子以来最杰出的儒学大师。

朱熹是南宋时期著名的博学多才的大学者，他非常重视对子女的教育。有一天，他把儿子朱在叫到面前，既严肃又亲切地对他说："你现在已经不小了，不能总在家里，应该到外地去访求名师，这样学问才有长进。"

朱在听了以后，觉得很奇怪，他不解地问："我常常看到许多人不远千里前来向您求教，拜您为师；我也常听人说，您是当今最有学问的人，我在家向您学就可以了，为什么您还让我离开家另去求学呢？"

朱熹说："我小的时候，父亲就很重视教育，他在我刚会说话时，就教我认识天地万物，还教我学习儒家经典。后来，父亲因为反对秦桧的投降卖国政策，被赶出朝廷，一病不起。他临终前对我说：'你一定要努力上进啊！'我听了父亲的话，后来徒步数百里求访名师，长了不少学问。"

朱熹的话使朱在受到很大启发。朱熹又说："一个人老在家中，容易被生活琐事缠住，被亲人娇惯，这样在学问上就难以有大的长进。自古以来，都是名师出高徒，光靠父母教诲是不行的。父母学问再大，只凭父教子学，也难以培养出英才，因为父母很难做到对子女严格要求并且持之以恒。所以，你还是远离父母，千里求师才对啊！一个年轻人，应该到外面吃点苦，闯荡闯荡才容易有长进。"

朱在听了父亲的话，觉得很有道理。过了几天，他就离开父母，到外地求学去了。

儿子临走之前，朱熹又想到：孩子独自一个人出远门，在外要遇到各种各样的人，对他来说，结交什么样的朋友，对他的成长影响很大。想到这里，朱熹睡不着觉，他连夜提笔写了一段话，专门告诫儿子要慎重交友，他嘱咐儿子说："与他人交往时，特别应该慎重，虽然都是同学，但是也不可没有亲近和疏远之分。亲近谁、疏远谁应该先向先生请教，听从先生的指导。大的原则应该是：为人敦厚忠诚讲信用，又能改正自己错误的人，就是有益于自己的好人；那些诏媚奉承、轻薄放荡、粗野傲慢，教唆他人做坏事的人，就是对自己有害的坏人。根据这个标准来考察周围的人，自己也应该能分辨出个大概，再加上向老师请教来进行判断，那就不会出什么差错了。怕的就是你自己胸无大志，低级平庸，不能严格要求自己。那样的话，虽然你不想疏远对自己有益处的人，但是也会越来越疏远了；虽然不想接近那些有损于自己的坏人，事实上却日益亲近了。这种情况必须改正。"

朱熹叮嘱说："万万不可随着时光流逝而放松警惕，堕落进'小人'行列。如果那样，即使再贤良的老师，也没法拯救你了。"

朱在见父亲这样关怀自己，非常感动，他把父亲的教诲记在心上，外出求学，进步很快，后来官至吏部侍郎。

◎故事感悟

朱熹这位南宋时期伟大的儒家学派的集大成者，为了让子女得到更好的教育，鼓励子女向更高明的老师求教，其寓意深远。朱熹这种礼让成德，并不把自己看得高于一切的品质也值得敬仰。

◎史海撷英

会 子

由于商业的日益发达，社会上铜钱不能满足交易的需要，政府便大量印制纸币。当时流行的纸币有钱引和会子两种，钱引流通于四川地区，取代了北宋时使用的四川交子。会子有数种，分别通行于南宋各地区。

◎文苑拾萃

梅 苏

"梅苏"系指宋代作家梅尧臣、苏舜钦的合称。二人以诗齐名，故称"梅苏"。实际他们的性格"放检不同调"，诗风亦不同。苏虽曾以"会将趋古淡"自勉，但他的诗终究是粗犷豪迈的；梅诗则委婉闲淡。

梅尧臣一生穷困不得志，他认为诗是"穷而后工"。他反对浮艳诗风。他的诗不仅在内容上揭示现实生活，具有较强的人民性，风格也与西昆派的浮浅绮靡相对立。

苏舜钦的诗指陈时弊，痛快淋漓，无隐讳，直抒愤慨不平，以感情奔放、直率自然见长，但注注落笔疾书，不够精练，缺乏含蓄的韵味。

王翱焚书教子孙

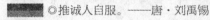

◎推诚人自服。——唐·刘禹锡

王翱（1384—1467），字九皋。明代大臣。永乐十三年进士，授大理寺左寺正，左迁行人，宣德初擢御史。英宗即位，升右佥都御史。出镇江西，惩贪治奸，七年冬督辽东军务，景泰四年为吏部尚书，天顺间续任，为英宗所重，称先生而不呼其名。王翱一生历仕七朝，辅佐六帝，刚明廉直，卒谥"忠肃"。

明英宗时，有位吏部尚书名叫王翱。他一生勤勉正直，襟怀坦荡，是当时有名的贤臣。

有一回，王翱办事有功，受到英宗的称赞和奖赏。退朝之后，英宗的心情还很兴奋，越想越觉得王翱这人不错，自己对他的赏赐太少了。于是，英宗下旨，给王翱的第二个孙子授予一个监生的位置。

王翱再三推辞，说自己尽心职守本来是应当应分的事情，怎么敢一再受额外的恩宠呢？但英宗认为忠诚有功者不赏，国家就没有清正的风气。所以，王翱的孙子就进了国子监。

第二年秋天，正赶上三年一次的乡试，孙子有意参加考试，打算考一个实实在在的功名，也好让祖父安心。可是，他又怕万一考不好，误了自己的前程不说，还丢了祖父的脸。

因此，他就私下去"活动"了一下。很快，有人就为王翱的孙子办了一份证明文书。凭着这份证明文书，就可以去找主考官，保证在考试中取得优异成绩。他把文书拿去给王翱看，以为祖父准会夸他能干。没想到王翱一见文书，立刻把脸沉了下来。

"你怎么可以做这样的事呢？"王翱严厉地责问他。

"这并不是靠贿赂收买得来的呀，只是他们看重我的学问，向考官做些说明罢了。这里没有一丝一毫见不得人的事啊！"

"我做了一辈子官，官场上的勾当难道我还不清楚吗？要不是大家看我的面子，怎么会给你开出这样不合规矩的文书呢？假如你只是个地方上的穷书生，他们能为你做这些事情吗？"

孙子低下头去，不敢再争辩。王翱也缓了缓口气说："孩子，你立志科举，这是件好事，我当然赞成。如果你能够凭真才实学去考取，我是绝不会让你埋没下去的。可你要是凭这份文书考取优等，那我要为你感到羞耻。你想想，你生在名门，年纪轻轻就有了监生的地位，而那些贫穷的书生苦读了多年的书，想通过考试得到一个功名，你这一张文书就能把他们顶下去，也许就从此断送了一个人的前程，难道你忍心这样去做吗？"

听了这一席话，孙子羞得无地自容。他向王翱承认了错误，并表示要记住这个教训。

王翱这才高兴起来，他把文书举到烛火上点燃，一边看着火苗，一边又对孙子说："要记住，七尺男儿生在世上，要活得光明正大，堂堂正正！时刻都要以诚实正直来勉励自己。凡是自己不该得到的东西，决不要去索取；凡是自己力所不及的事情，也不要凭着侥幸的心理勉强去做，这样，你才能称得上是个君子。"

◎故事感悟

王翱认为，要成功，就应该凭真才实学去努力，而不应该依靠权势偷奸取巧。从中，我们也看到了王翱确实是一个品德高尚的人。

◎史海撷英

明朝的地理书籍

《寰宇通志》系景泰时陈循等奉敕纂，《大明一统志》系天顺时李贤等奉敕纂。这两部书都勾画了明朝的疆域全貌，是今天保存下来的研究明前期地理形势的绝佳资料。罗洪先的《广舆图》是明朝一部著名的地图集，是以元朝朱思本《舆地图》为底本，改编为明朝内容创制而成的，有十三布政司图、九边图和漕运图等。西洋传教士利玛窦也在北京绘制了若干中国地图，其中最著名的是《坤舆万国全图》。这是一本世界地图，但把中国摆放在图中央。顾祖禹《读史方舆纪要》采集史料丰富，重在古今用兵战守攻取之宜、兴亡成败之迹，以及对各地形险要的叙述，考证翔实。顾炎武《天下郡国利病书》是方志资料汇编，书中保存了各地大量的经济风俗资料。另外，他还著有《肇域志》，无刻，有抄本。

明朝末年，南直隶江阴人徐弘祖周游全国，考察山川地形，编有《徐霞客游记》。书中极为详细地考察了云、贵、川、广等十余省的地理状况，还揭示了中国西南石灰岩地区溶蚀地貌的特征。他也成为世界上在溶蚀地貌方面进行考察的第一人。

◎文苑拾萃

识鹅断案

明朝万历年间，有一个叫钱若赓的人，曾就任临江府的知府。他精明干练，勤于公务，很有政绩，远近也有些名气。

有一年，一个乡下人要进城办几件事，顺便拎了一只鹅来卖。为了方便，他进城后就把鹅寄放到一家旅馆里，并同店主说好，待他办完事回来取鹅。店主满口应承，这乡下人就放心地去办事了。可是，等他来到这家旅馆讨鹅时，那店主却变了脸，并一口咬定这乡下人没在这寄放什么鹅。乡下人一听急了，看到院里正有4只鹅在悠闲踱步，他仔细看了看，就指着一只鹅说："你怎么能抵赖呢？这只鹅就是我的呀。"店主却耍赖说："我养了一群鹅，凭什么说这是你的鹅？"说着，把乡下人赶出了门。乡下人很气愤，又不甘心白白地让店主把鹅抢去，就大声同店主讲理。可是，他人老实嘴又笨，确实也没有什么证据能证明鹅是自己的。

乡下人越想越气，无可奈何，就去郡府门前击鼓告状。

钱若赓听乡下人一五一十地把全部缘由说了一遍，看到乡下人那老实敦厚、又急又气的样子，心里已有点数了。但断案不能感情用事，还要有真凭实据，于是他就下令把那店主和4只鹅一起带来，然后把鹅分别关在4个地方，每个地方配给一张纸，一支毛笔，一方砚台，见大家很奇怪，便说，这是让鹅自己找主人。这一来，大家更是丈二和尚摸不着头脑。让鹅识主的消息一传十、十传百，城里的老百姓都觉得这可是件新鲜事，就连差役在内，对知府钱若赓独特的审案方式也觉得不可理解。一时间，人们都拥向衙门看热闹，议论纷纷。

而此时的钱若赓不动声色，把人们的惊奇、议论都看在眼里，记在心上，布置完以后，就退堂用餐去了。

这一下，人们更疑惑了：这鹅案能断出来吗？乡下人更显得焦急难耐，他也怕这方法是唬骗自己的，而店主则暗暗窃喜，他想，鹅怎么能自己招供呢？看你这场戏怎么收场，这乡下人的肥鹅我是要定了。看着坐立不安的乡下人，他不由得得意地笑了。

大家各怀心事，都静静地等着。过了一会儿，钱若赓派人传问："鹅招供了没有？"差役强忍住笑说："没有，大人，没有一只鹅招供。"大家一听，哄堂大笑，只有钱若赓若有所思地点点头，仍是不动声色。

又过了一会儿，钱若赓走出内室，亲自下堂分别察看关在4处的鹅。他左看看，右看看，微笑着说："它们已经招了。"见大家惊异，他伸手指向一只鹅，肯定地说："这就是乡下人的鹅。"

大家一听更奇了，都纷纷拥过来，想看一个究竟。那个店主更惊奇，他不明白钱若赓怎么能那么准确地把自己强夺的那只鹅找出来。钱若赓看着大家迷惑不解的神情，知道是揭穿谜底的时候了。他慢条斯理地说："我并不认识乡下人的鹅，但是，我知道，乡下的鹅吃什么，城里的鹅又吃什么。乡间的鹅大多吃野草，而城里的鹅大多喂谷子。吃野草的鹅拉出的粪便颜色发青；而吃谷子的鹅拉出的粪便颜色发黄。若确定鹅的主人，无须问人，只看鹅粪便知。"他这么一说，人们恍然大悟，并一致点头，称赞他的机敏。

寇恂为国退让

◎海纳百川，有容乃大。 ——林则徐

> 寇恂（？—36），字子翼。汉族。上谷昌平（今属北京市）人。出身世家大姓。东汉名将，"云台二十八将"之一。年轻时任郡功曹，太守耿况很器重他。

寇恂出身于豪强家族，他成年后出任上谷郡功曹，因为才能卓越深受太守耿况的器重。王莽末年，天下大乱，寇恂认定刘秀是统一四方的明主，就劝耿况投奔了势力并不强大的刘秀。这一雪中送炭的行为让刘秀非常感动，他当即任命寇恂为偏将军，封承义侯。不久，刘秀在寇恂等人的帮助下攻取了河内郡，刘秀任命文武双全的寇恂为河内太守，为自己经营一个稳固的后方。不久，刘秀率军北上攻击并州。寇恂精心治理地方，他让河内各县讲习武艺，练习骑射，陆续为前方制造了百万余支箭矢，提供了2000余匹战马，补充400万斛军粮，有力地支持了刘秀的北伐大业。

建武二年（26年），刘秀任命寇恂为颍川（今河南禹县）太守。寇恂严明律法，惩治不法之徒，赢得了当地百姓的称赞。可就在这个时候，刘秀部下的猛将贾复率禁军经过颍川。贾复的部将在当地擅自杀人，被寇恂抓获。贾复知道后并不在意，他觉得寇恂不会为了这样的"小事"得罪自己，迟早得将部将放回来。可寇恂不但没有放人，反而在大庭广众之下该将明正典刑。贾复把这件事当成了奇耻大辱，但因为公务紧急，他含恨离开了颍川。

不久，贾复率部队再次经过颖川，他念念不忘寇恂对自己的"冒犯"，就对部下说："我和寇恂同为国家大将，现在他为了一点小事故意不给我面子。大丈夫有仇必报，一会儿见到寇恂，一定要将其斩于马下，才能消除我心中的愤怒！"寇恂预料到贾复对自己怀恨在心，就不想和他见面。寇恂的外甥谷崇觉得自己舅舅的胆子太小，就对寇恂说："您不用担心贾复，我携带宝剑跟随在您左右，贾复如有异动我就解决了他。"寇恂知道外甥误会了自己的意思，就笑着解释说："我不是害怕他贾复，而是不忍心因为私人间的芥蒂耽误了国家大事。当年赵国大夫蔺相如不害怕强横的秦王却甘愿忍让老将廉颇，就是出于相忍为国的考虑。"

最终，寇恂命令颖川下属各县准备羊羔美酒，对贾复和他所部的将士厚加款待，还亲自出城迎接贾复。两人刚一见面，还没等贾复发难，寇恂就称病告退。贾复想立刻发兵攻打寇恂，可他部下的将士早就又累又饿，也不等他下命令就开始大吃大喝。等他们吃饱喝足后，贾复又想找寇恂算账，可他的部下喝了不少的酒，一个个已经是东倒西歪，连马都上不去了。无奈之下，他只好率兵返回了洛阳。

刘秀听说了这件事，就将寇恂召回洛阳，准备表彰这位相忍为国的大将。当时贾复也在座，他听说寇恂要来，就想起身离开，结果被刘秀按在了座位上。等寇恂到来后，刘秀分别抓住他和贾复的手，对两人说："现在天下未定，你们这两只老虎就私下相斗，这不是自乱阵脚吗？现在我亲自帮你们化解这段过节吧。"两人听了刘秀的话非常感动，贾复向寇恂道歉，两人从此成为了至交好友。

◎故事感悟

寇恂为了国家的稳定，对贾复的行为给予礼让，体现了大将风范和宽以待人的良好品德。我们在处理事情时，也要顾全大局，事事时时以国家和人民利益为重，以谦恭礼让为前提。只有懂得礼让的人心胸才会宽广，才能够成就事业。

◎史海撷英

宽厚的郅恽

有一次光武帝外出打猎，很晚才回来，郅恽吩咐紧闭城门，不准开门。光武帝让随从去找郅恽，郅恽说："天太晚了，城门不能开。"光武帝没有办法，只好从另一个门进了城。第二天，郅恽向光武帝上书，劝谏道："以前周文王不敢在外面随便打猎，是怕惊扰了百姓。而现在陛下却跑到远远的山林里面去打猎，从白天玩到晚上，把江山社稷放在什么位置上？这样鲁莽冒险，我很担心会有不测发生啊！"光武帝看了奏章后觉得他说得很有道理，就赏给他100匹布，并把昨天放自己进城的守门官员贬了职。

后来光武帝让郅恽做太子的老师，教授《韩诗》。郭皇后被废后，郅恽对光武帝说："我听说夫妻之间的事，连父亲都管不了儿子，何况大臣能管君王呢？这本来是我不敢进言的原因，但即使是这样，我仍然希望陛下能够考虑一下这样做是否适当，不要给天下人抓到话柄。"光武帝听了，说："郅恽善于以宽厚之心来体谅君主，他知道我不会被别人所左右而忘记天下的。"

◎文苑拾萃

《易经》

《易经》是中国古老而深邃的一部经典，据说是由伏羲推演成（同时产生了易经八卦图），是中华5000年智慧与文化的结晶，被誉为"群经之首，大道之源"。

在古代，《易经》是帝王之学，也是政治家、军事家、商家的必修之术。从本质上来讲，《易经》是一本关于"卜筮"之书。"卜筮"就是对未来事态的发展进行预测，而《易经》便是总结这些预测的规律的书。

张士选让产

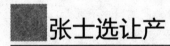

◎念高危，则思谦冲而自牧；惧满盈，则思江海下百
川。——魏征

张士选（生卒年不详），五代时人。

　　五代时期的张士选，幼年时就失去了父母，靠着叔叔养育成人。等到张士选17岁的时候，他祖父遗下的家产很多还没有分过，他的叔叔就对士选说："现在我和你把祖父遗下的家产分做两份，各得一份。"可是张士选说："叔叔有7个儿子，应当把家产分做8份才好。"叔叔不肯，极力主张分成两等份，然而张士选看到叔叔这样坚持，更加礼让。最后叔叔没办法，只好把所有的财产分成8等份。

　　张士选17岁就被推荐进京城参加考试，同时被推荐参加考试的有20多人。那时有位精通相学的术士指着张士选说："今年高中状元的，就是这位少年啊！"同辈的人听到了，都大笑不已，认为这纯属无稽之谈。相士说："做文章这件事情，不是我所能够了解的。但是这位少年，他满脸都洋溢着积了大阴德的气象，这一定是他做了大善事的缘故，所以我才敢断定他今年必定高中状元啊！"结果张士选果然金榜题名。

◎故事感悟

古人说："薄待了兄弟，便是薄待了父母啊！薄待了堂兄弟，便是薄待了祖宗

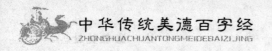

啊！ 树木的根本，若是有了亏损，那么它的枝叶必定会遭到损坏！所以我们要学会礼让，让这种美德代代相传。

◎史海撷英

契丹族

契丹族是我国北方很古老的少数民族之一，原来属于东胡族系，论起源则是源自东胡的一个支系鲜卑。而鲜卑中又有一个宇文部，契丹就是这个宇文部的分支之一。契丹这个名称，最早在我国史书中出现是在公元4世纪的北魏时期。在当时分布在辽水流域以北的潢河（今西拉木伦河）与土河（今老哈河）一带，过着渔猎畜牧的氏族部落生活，以逐水草游牧为主。在北魏后期，契丹形成了古八部，八部之间互不管辖，也没有什么联系，各部独立地和北魏政府保持着朝贡关系。到了隋朝，由于突厥势力扩张，对各部族征伐不止，契丹各部为防卫突厥开始互相联系，互相支援，后来形成了初期较为松散的部落联盟。到了唐初，契丹就形成了以大贺氏为首的部落联盟。其体制是在八部酋长中共同选举一人为首领，或者叫盟主。任期三年，到期改选。但大贺氏的人有世选的特权，这时的首领已经有了管理权力。契丹首领后来率部归入唐朝，唐太宗授予旗鼓，以表示对首领权威的承认。唐朝又在契丹地区设置了行政机构，即松漠都督府，任命其首领为都督。

◎文苑拾萃

京 试

京试又称"会试"，在京城礼部举行，举人才有资格参加，考中的人称为"贡士"。第一名贡士称为"会元"。

一个苹果的故事

◎劳苦之事则争先，饶乐之事则能让。——《孟子》

车敏瞧（1912—2005），学名车国宝。山西省垣曲县人。1936年参加革命，1937年由共青团转入中国共产党。抗日战争时期，任山西民大六分校教务主任，山西五专区抗日保安队政治部主任，五专区武装科长，决死三纵队政治部主任，太行第三军分区政治部主任，延安党校三部组教科副科长。解放战争时期，任中国人民解放军二十三旅政治委员，太岳第三军分区副政治委员，第一八六师政治委员，第十八兵团六十二军政治部副主任、主任。中华人民共和国成立后，任中国人民解放军政治部主任，抗美援朝上甘岭战役时担任中国人民志愿军十五军政治部主任，第一军医大学政治委员。1955年被授予少将军衔。1958年转业后，先后任中国中医研究院党委书记，吉林师范大学党委书记，东北师范大学党委书记、顾问，吉林省第四、第五届政协副主席等职。

这是发生在抗美援朝时期的故事。

当时刘明生是第十五军一三五团七连的战士，18岁。因为身材矮瘦矮瘦的，所以大家喜欢叫他"小同志"。外面飞飘的雪花把他黄泥色的破棉袄打湿了。由于在布满弹片的路上爬行，他的单裤被撕了几个口子，脚踝上划了几道血疤，满身泥土。

"连长，给，一个苹果。"刘明生猫着腰跃进了指挥所，拿出一个苹果对连长说。

连长注视着他那瘦长的面孔，奇怪地问："哪儿来的苹果呀？""我在半路上拾的。连长，你的嗓子哑了，吃了润润喉咙吧！"这是事实。自从24日全

连出击开始，除前天晚上营长给连长一块二寸长的萝卜块外，7天以来，全连没喝过一口水了。但运输员何尝不是一样过着这种艰苦的生活呢？连长心想。

"你们运输辛苦，你吃了它吧。"

"不，我在路上可以喝凉水。"他带着微笑说。

谁都知道，在这方圆一公里内是找不到一滴水的，他因为爱护连长而撒了谎。

连长一阵感动，紧握着他那双冻红了的小手说："我们一定用胜利来报答你。"

擦干净的苹果，青里透红，发出诱人的清香，不要说一个，20个也能全部"消灭"。"给谁吃呢？"连长将苹果拿在手中翻来覆去地想。这时，步话机员李新民正对着话筒用沙哑的声音向上级报告情况。连长立即想，4个步话机员，在17昼夜的战斗中，没很好地休息，嗓子哑了，嘴唇干得裂开了几道血口子，血痂还结在皮肉上。谁比我们的步话机员更艰苦呢？

"李新民，你们4个人分着吃了，润润喉咙。"连长把苹果给了他。

李新民出神地看着连长。他知道连长一旦说了话，就得去做。他回头看着其他3个步话机员，又看着睡在里面的伤员蓝发保，然后4个人会意地点了点头。

通信员蓝发保，一次因为和后面联系，右腿被敌炮打断了，现在还睡在里面，很少听到他呻吟。他的脸黑黄黑黄的，嘴唇干得发紫。他接过李新民递过来的苹果，正准备吃，突然又闭住嘴。他明白，只有一个苹果。

"连长，你几天没喝水了，你吃吧，吃了好指挥我们作战。"不论大家怎么劝说，他还是把苹果递了过来。

连长接过苹果，又递给了司号员。司号员立刻塞给了旁边的卫生员，卫生员又把它交给了他日夜照顾着的伤员——蓝发保。最后，一个完好无缺的苹果又落到连长的手中，再传下去也不会有人吃了。越是艰苦的时候，战士们越是相互关心。最后连长决定，由坑道内8个同志分吃这个来之不易的苹果。

"同志们！"连长用沙哑的声音说，"昨天晚上，我们夺回了阵地，歼灭了敌人，难道我们就不能吃掉这个苹果吗？"

"来，一人分吃一口，谁不吃就是谁对胜利不关心，对巩固阵地、消灭敌人信心不大。"

连长说罢先咬了一口，就给李新民；李新民吃罢给旁边的步话机员胡景才……他们放到嘴边轻轻地咬一小口，然后一个接一个地传下去。结果，转了一圈，一个苹果还剩下半个……

◎故事感悟

一个苹果开始让来让去没人肯吃，后来轮流吃，可转完一圈了，还剩下半个，这说明战士们都想把更多的苹果留给其他战友。通过这么一件小事，可以看出战士们这种伟大崇高的精神！

◎史海撷英

联合国军

朝鲜战争爆发后，美国当局提出"建议联合国成员国向大韩民国提供为制止武装进攻并恢复这一地区的国际和平与安全所必需的援助"。并且提出以集体安全为理由制裁朝鲜的提案。1950年6月28日，在时任总统杜鲁门提议下，美国国务院和国防部共同起草一项提案，提出成立统一的"联合国军"司令部，由美军推荐一名司令统一指挥各国军队，同时在朝鲜半岛使用联合国的蓝色旗帜。

1950年7月7日，联合国安理会通过决议，组建"联合国军"支援大韩民国（苏联代表无故缺席）。

"联合国军"总部设在东京。参加"联合国军"的有美国、英国、加拿大、澳大利亚、新西兰、荷兰、法国、土耳其、泰国、菲律宾、希腊、比利时、哥伦比亚、埃塞俄比亚、南非、卢森堡共16个国家的军队。美国经常保持7个师的地面部队，作战飞机1000多架，舰艇近300艘，占"联合国军"兵力的90％以上。英国派出两个旅，加拿大和土耳其各派出一个旅，其他国家只是象征性地派出一个排到一个营或一个空军中队。7月中旬，大韩民国总统李承晚把韩国军队交给"联合国军"指挥。

　　美国军队在"联合国军"成立之前就已进入朝鲜半岛，海军和空军于6月27日到达朝鲜半岛，陆军于7月1日到达。其他国家的军队从7月7日开始入朝，最迟的1951年6月15日才到达朝鲜半岛。此外，还有瑞典、印度、丹麦、挪威、意大利为"联合国军"派出了医疗队和医疗船。1950年7月13日，麦克阿瑟命令美国第八集团军司令官沃克中将负责指挥在朝鲜的"联合国军"地面部队和韩国国军。

◎文苑拾萃

三八线

　　三八线是位于朝鲜半岛北纬38°附近的一条军事分界线。第二次世界大战末期，盟国协议以朝鲜半岛北纬38°线作为苏、美两国对日军事行动和受降范围的暂时分界线，北部为苏军受降区，南部为美军受降区。日本投降后，这里就成为大韩民国和朝鲜民主主义人民共和国的临时分界线，通称"三八线"。

两包马肉

◎土让水，水让火，火让风，愈虚则力愈大。——魏
　源《默觚》

傅忠海（1914—2010），湖北沔阳（今仙桃）人。1930年加入中国共产党，同年参
加中国工农红军。曾任第三军营长、鄂川边区红军游击总队政委。参加长征。后任八
路军留守兵团警备团政委、豫中军分区副政委、关东公安总局副局长、中共旅大区委
组织部部长。

1935年秋，红二方面军长征路过草地时，傅忠海任五师十五团政治处主任，率团担任了部队的收容工作。

日子一久，粮食吃光了，部队只得靠野菜充饥。一路上野菜、树皮也很少，几乎全被前面的部队吃光了，因此，后卫团所处的情况就更加困难：一连十几天见不到一粒米，甚至连皮带也都煮着吃光了，真是到了弹尽粮绝的地步。

草地上的气候变化异常，真像孩子的脸，阴一阵、晴一阵，时风时雨，时热时寒，三伏天下雪，数九天落雨，也是常有的事。长期行军打仗，部队非常疲劳，许多同志病倒了，被饥饿和疾病夺去生命的战士也越来越多，这是多么严酷的威胁啊！

面对草地上的艰难，团部经研究决定，要杀两匹马分给大家吃。这个消息一传开，立刻引起了轩然大波。

自从团队担任收容任务后，分得的几匹马就成了连队的宝贝。驮弹药，

运帐篷，救伤员，都得发挥马匹的威力。掉队的同志实在走不动了，也可以轮换着骑上几里缓缓劲，再下马走，继续跟上队伍。如果没有它们分担，不知会有多少战士将倒在这荒无人烟的沼泽之中。在这样艰难的行军中，少一匹马，将会给连队增添多大的负担啊！

战士们说："困难再大，马也不能杀。人多马少，一点马肉不能解决问题。多留下一匹马，就多一份力量。"

战士们的意见，并非没有道理。前几天发生过这样一件事：有十几个负重伤的同志实在不能走了，不得不留在草地上。当然，他们知道，留在这里，无疑是要被饿死、冻死的。然而，他们不愿因为自己而拖累部队，所以纷纷要求留下来。但师部领导想，要留下的这些同志都是自己的阶级兄弟，都是在出生入死中结下了深厚友情的战友，怎能忍心让他们饿死在这儿呢？于是，在作出留下十几名同志的决定的同时，还决定给他们留下一些枪、子弹、火柴和铜盆，特别是为了让他们早日恢复体力，重返部队，还特意给他们留下了一匹马。可是，战士们坚决不肯要，他们把各样东西全收下了，就是不肯留马。他们恳求首长说："把马留下给首长和同志们骑吧。多一个人走出草地，就多一颗革命的种子。长征中战死、冻死、饿死的人太多了，现在每一个人都非常宝贵。我们走不动了，不能再拖累大家。希望同志们早日走出草地，把马牵走吧，我们不能留……"

是的，有谁知道战士们为了保存下这几匹马，付出了多么昂贵的代价！现在要杀马吃，他们怎么会想得通呢？

在这种极其困难的情况下，干部们就不得不考虑得更多更远些了。经过一番说服动员工作，战士们勉强同意杀马了，但同时，团部又决定，所杀的这两匹马，只能分给各连队，团部不要，也不送给师部，以解决连队的燃眉之急。可见这两匹马的肉是何等的珍贵啊！这一点，战士们心里十分清楚。

杀马的那一天，晚饭开得比往日迟了点儿，因为吃马肉在当时毕竟是一件庄重的事，颇有些过年的味道。晚饭后，炊烟尚未散尽，死寂的草地上也出现了香气缭绕、生机盎然的景象。一阵热闹之后，土坡旁就传来了战士们的鼾声；夜风徐徐，从远处吹来了指导员和战士们的悄声细语、阵阵笑声。这种恬静而富有诗意的夜晚，在傅忠海的戎马生涯中，是难得的一次。

忽然，传来一阵急促的脚步声，接着听到帐篷外喊了一声："报告！"话音未落，师部通信员小李已走进帐篷，急促地对傅忠海说："师长，政委让你马上去师部。"傅忠海匆匆地披上衣服，同小李一起走出了帐篷。

"什么事呢？"傅忠海边走边寻思着。

从小李的神情上，倒是看不出来有什么不寻常的事儿，见他在傅忠海旁边悠然地走着，也不像有什么战斗任务，可是……

心里有事，脚下自然走得急切，没有多大工夫傅忠海就到了师部。他走进帐篷时，政委和师长正在商量事。

谭友林政委见傅忠海到了，就转过身来，让他坐下，然后指了指油布上放着的几个纸包，严厉地批评说："你为什么还不吸取教训？开饭的时候，你没有派人到连队去吗？你知道，连队的战士们有什么好东西，他们是舍不得吃的，总要先送到医院、卫生队，还有我们这里，你为什么不派人去看住他们？"

最初，傅忠海有些困惑不解。很快他就明白了，师首长指的纸包里面包着的马肉。傅忠海想，马肉一分下去，就把指导员训练班的同志和政治处的干部统统派下去了，名义是检查工作，实际上是"监督"战士们把分得的马肉全吃了。回来时，没有一个人提到战士们的"越轨"行动啊，都说大家吃得挺高兴的，谁会料到却出了意外呢？

政委的批评，确实是冤枉了傅忠海。不过，这种冤枉并未给他增添烦恼。此时此刻，战士们那种崇高的思想境界和伟大的阶级友爱精神倒是紧紧拨动了他的心弦。傅忠海想，师长和政委此刻又何尝没有体会到这种情感呢！他们明明知道，战士们所送来的每一包马肉，都充满着战士同干部情同手足的联系，都体现了战士对干部的深情厚爱。在这种情况下，为什么还要严厉批评我呢？原来，这正是因为他们也同样热爱着自己的战士和部队。这样的崇高情操，是多么感人肺腑啊！

自从参加革命以来，这样的批评傅忠海经受过多次，每一次都使他更加热爱自己的干部和战士，更加热爱自己的首长，更加热爱党和军队，总为生活在这样一支伟大的军队中而感到自豪。所以，每次遇到这种情况，他总是毫无怨言地接受批评，随之便产生一股喜悦的热流。

第二天，傅忠海带着从师部拿回来的马肉去找各营的教导员，认为他们准是战士的"同谋者"。

昨天晚上在师部挨批评的事，一大早就让通信员给广播出去了，因此傅忠海一到三营，几个战士就挤眉弄眼地冲他笑。他们的那位王教导员一见傅主任来了，知道大事不好，趁傅忠海不注意就想溜，被傅一把抓住了。旁边的几个战士见傅主任抓住了他们的教导员，都笑嘻嘻地围拢来替他打掩护。傅忠海故意板着脸听着。

一个小四川兵说："首长们仗不比我们少打，路不比我们少走，罪不比我们少受，责任比我们大，操心比我们多，送点马肉给他们吃有什么不对？这是我们的一点心意嘛！"

教导员接过去说："送马肉的事我是知道的。我和战士们的想法一样，如果要批评，就批评我吧！不过……送回来的肉我们不能收。"

"对，不能收。"几个战士赞成地喊道。

傅忠海佯装生气地说："好哇，你这个教导员，承认自己错了还不想改，这叫什么承认错误？"

一个战士抢着说："改，一定改！等打倒日本帝国主义，解放了全中国，我们一定改。"这番话，说得大家都笑了起来。

傅忠海乘着这个气氛把大家叫到跟前，耐心地说："同志们，贺老总不是告诉我们，走出草地就是胜利吗？眼下只要多一个人走出草地，就多一颗革命的种子，多一份革命的力量。首长为了使我们每一个人都能走出草地，才把自己的乘马杀了，帮助大家渡过难关，难道我们能辜负首长的希望吗？"

战士们默默地不讲话了，静静地听着、思索着。这时，傅忠海慢慢地把手伸到挎包里，当手指一触到里边的纸包时，就好像触到了燃烧的火，使他激动万分。

几包马肉，并不是什么珍贵的礼物，也不是什么山珍海味，甚至连一点儿盐味都没有，吃起来并不那么好吃。但是，它却比任何礼物都贵重，比任何山珍海味、盛餐佳肴都甘美，因为在那特定的环境下，从自己不吃、让别人吃的行动上，使人深刻地领略了革命乐观主义精神，以及红军干部和战士之间极其珍贵的炽热情感。有这样亲密无间、互相爱护的指战员，怎会不所向披靡呢？

傅忠海庄重地把两包马肉拿出来，放到战士们的手里。从那粗糙的黄草纸上，他们一眼就可以认出来：这正是他们送给师首长的那两包。一群战士围看着这两包马肉，眼泪簌簌地落在地上，激动得说不出话来。

在今天，也许没有人会愿意吃它了。但是，在那吃草根嚼树皮的艰苦岁月里，它就是战士们的生命啊！经过那个年代的人们都明白，这些马肉将会维持多少人的生命，可是，大家不愿意把它留给自己。

◎故事感悟

马肉，在现在来说是多么寻常的东西啊，可能有好多人都已经不屑于吃它了。但是，在长征时期，那是多么罕见和珍贵的东西啊！两包马肉就可能维持许多人的生命。然而，人们都互相礼让，不肯自己享用，一心想把生存的机会留给别人。两包马肉虽然不起眼，但它反映出的精神却是崇高和伟大的。

◎史海撷英

四渡赤水

四渡赤水战役，是遵义会议之后中央红军在长征途中处于国民党几十万重兵围追堵截的艰险条件下，进行的一次运动战战役。从1935年1月19日红军离开遵义开始，到5月9日胜利渡过金沙江为止，历时3个多月，共歼灭和击溃敌人4个师、2个旅和10个团，俘敌3600余人。在毛泽东、周恩来、王稼祥、朱德等指挥下，中央红军采取高度机动的运动战方针，纵横驰骋于川黔滇边境广大地区，积极寻找战机，有效地调动和歼灭敌人，彻底粉碎了蒋介石企图围歼红军于川黔滇边境的计划，取得了战略转移中具有决定意义的胜利。

一渡赤水，集结扎西，待机歼敌。二渡赤水，回师遵义，大量歼敌。三渡、四渡赤水，向南突破乌江天险，调动并摆脱敌人。四渡赤水战役，中央红军首先能够从敌我双方的实际情况出发，不断调整行动方向，迂回穿插于敌人数十万重兵之间，积极寻求战机，有效地歼灭敌人，从而摆脱了敌人的围追堵截，粉碎了敌人妄图围歼红军于川、黔、滇边境的计划，使中央红军在长征的危急关头，从被动走向主动，从失败走向胜利。

◎文苑拾萃

纪念长征

马嘶人叫角号吹，万面红旗天际挥。

赤水金沙辗转渡，雪山草地等闲飞。

横空出世入天将，绝地逢生穿铁蹄。

一曲悲歌多壮烈，千秋正气树丰碑。

李白不敢题诗黄鹤楼

◎人生得意须尽欢，莫使金樽空对月。——李白

李白（701—762年），字太白，号青莲居士。唐朝诗人，有"诗仙"之称，是伟大的浪漫主义诗人。祖籍陇西郡成纪县（今甘肃省平凉市静宁县南），出生于蜀郡绵州昌隆县（今四川省江油市青莲乡），一说出生于西域碎叶（今吉尔吉斯斯坦托克马克），逝世于安徽当涂县。存世诗文千余篇，代表作有《蜀道难》、《行路难》、《梦游天姥吟留别》、《将进酒》、《梁甫吟》、《静夜思》等诗篇，有《李太白集》传世。

李白是一位伟大的浪漫主义诗人，读了"欲上青天揽明月"、"天生我材必有用"等诗句，在被诗人的浪漫气质打动的同时，人们也会产生一丝李白狂傲的感觉。其实，在创作上李白倒是很谦虚的。

这话还得从黄鹤楼说起。

黄鹤楼耸立在武昌长江边上，登楼远眺，汉阳城历历在目，鹦鹉洲芳草萋萋。多少诗人被眼前景色所动，诗兴大发，挥毫泼墨。

李白原在长安，因高力士等人屡次向唐玄宗进谗言，才上表辞官，遨游山水间。

正值暮春时节，李白在朋友的陪同下到黄鹤楼游玩。李白凭栏眺望了一会儿江景，就倒背双手，仰脸阅读楼上的题诗。读了一些，不觉怦然心动，提笔凝思，正待书写，忽然看到崔颢的题诗：

昔人已乘黄鹤去，此地空余黄鹤楼。

黄鹤一去不复返，白云千载空悠悠。

晴川历历汉阳树，芳草萋萋鹦鹉洲。

日暮乡关何处是，烟波江上使人愁。

"唉——"李白感叹说："崔颢的诗写得太好了。眼前有景道不得，崔颢题诗在上头。"竟搁笔不写了。

李白不敢题诗的消息一传开，武昌城的文人议论纷纷，说："想不到李白这位笑傲王侯的大诗人，竟然还是一位敢于承认自己不足的谦逊的人啊！"

◎故事感悟

李白是唐朝一位伟大的浪漫主义诗人，他的诗文流传至今经久不衰，在中国文学史上有着重要的地位。然而他看到崔颢的诗句后，却搁笔不写，说明李白真正体会了崔颢的诗意，而十分赞赏和敬佩，同时也说明李白的谦逊。

◎文苑拾萃

张祜受骗

唐朝后期，有个叫张祜的诗人，年轻时没有考取进士，此后便无心功名，浪迹江湖，结交了一些朋友。他们常聚在一起，或吟诗抒怀，或讥讽名流显贵，或比武论剑，张祜自以为得意，以豪侠自诩。

日子一长，他的名声就渐渐传了开去。一天晚上，一个武夫来到张祜家门前，高声问道："这可是张侠士府邸么？"张祜一听有人找他，便出来迎接。只见来人高高大大，一身武士装束，腰佩宝剑，气度不凡，手里提着一个口袋，口袋里还滴答滴答地注外渗着血水。张祜惊异地打量着他，正要开口，那人却抢先一步高声喝道："你就是张侠士？"张祜被这声断喝吓了一跳，又见那人英气逼人，立刻就矮了半截，连忙一改平时骄横的神情，轻声答道："正是，我就是张祜。"接着，小心翼翼地将这人迎入屋内，又让座又作揖，谦恭得很。

那武夫见张祜已被他的气势震住，就更加神气，大摇大摆坐下后，对张祜说："我今天来，是有件喜事告诉你。我以前有一个仇人，我一直在追杀他，但10年未果。冤家路窄，今天恰巧撞到我的刀下，10年冤仇一日伸，好痛快呀！你过来看看。"他边说边拉过脚边的那个袋子,张祜一见鲜血就知道是怎么回事,连连后退。这人大笑,然后说:"看看吗?这就是他的脑袋!"他四处看看又问:"有酒吗?快拿出来,我要痛饮。"张祜哪敢怠慢,急忙命人取杯斟酒,并恭敬地递过去。那人接过酒杯一饮而尽,然后说:"还有一件事,我想报答一位于我有恩的义士,今天恩仇同解,也好了却我的心愿。我早就知道你重义气,所以到你这来,就是要借10万吊钱,我好用来酬谢我的恩人。"说到这,他偷偷看了看张祜的脸色,又接着说:"侠士倘能不吝相借,今后,我可以为你赴汤蹈火,在所不辞,否则的话……请张侠士酌定吧。"说完,又顿了顿脚下的袋子。张祜慑于来人的威严,早就如坐针毡了,见客人求助于自己,感到客人给了他很大的面子,巴不得赶快打发他走,就立刻命人拿出钱袋,凑足了10万吊钱,又拿出家里一些值钱的东西一起交给了他。那人喜形于色,急忙接过钱物,连声说:"好、好,真不愧是位侠士!"并与张祜约定,钱送到,人即返回。然后站起身来,踢一踢脚下的袋子,扬长而去。

张祜见那人走了,便把袋子拎到墙角,等他回来。可左等右等,天都快亮了,仍不见那人踪影。张祜有点坐立不安,不怕别的,就怕口袋里的人头一旦暴露,自己浑身是嘴也说不清楚。他思前想后,觉得这事有点奇怪。又等了一阵子,张祜沉不住气了,决定喊来家里人,趁天还没亮,赶紧找个地方把那人头埋掉了事。家人刚开始缩手缩脚不敢动手,在张祜的斥骂下打开布袋一看,全呆住了,原来布袋里哪是什么人头,而是一颗血淋淋的猪头!

张祜受了欺骗和愚弄,羞愧难当,懊悔不已,但想一想这件事的前因后果,便自责道:"光是徒有虚名而无实际本领的人,才会这样被人欺骗,怪我技不如人,看不透这骗局,足该引以为戒呀!"

从此以后,张祜把"侠士"的举止收敛得干干净净。

曹彬礼让成德

◎临事须替别人想，论人先将自己想。——清·金缨

> 曹彬（931—999），真定灵寿（今河北灵寿）人。父曹芸，五代时曾任成德军节度
> 都知兵马使。

宋咸平二年（999年），北宋名将曹彬身患重病，真宗皇帝亲临曹府看望曹彬，并亲手为他和药，临走前赐金万两。六月，曹彬病逝，真宗又亲临吊丧，痛哭失声，"赠中书令，追封济阳郡王，谥武惠"，并封曹彬夫人为"韩国夫人"，曹彬的七个儿子及其亲族、门客、亲信、将佐等十余人都受到了封赏。八月，宋真宗又下诏让曹彬与宋初名相赵普配飨宋太祖的太庙，一同接受祭祀。作为一员武将，身后能受此殊荣，在北宋一朝还不多见。曹彬得此殊荣，不但因为他戎马一生，征西蜀、伐南唐、灭北汉，是杰出的将帅之才，为宋王朝的巩固和发展作出了自己的杰出贡献，而更重要的是因为曹彬为将严于责己，宽以待人，谦虚和逊，"不以等威自异"，其良将风范为朝野人士所推崇。

曹彬出身将门，从小熟读兵书，苦练武艺，"气质淳厚"，为人诚实，办事谨慎。后周太祖郭威的贵妃张氏，是曹彬的姨母。周太祖受禅登基后，召曹彬入其义子柴荣帐下供职，擢为河中军兵马都监，掌管军务。曹彬虽是皇亲国戚，但从不以此为资本，而是谦虚谨慎，恪尽职守。而曹彬对各位将领彬彬有礼，"执礼益恭"。他对待自己的工作更是兢兢业业，即使是应酬公府

酒席宴会，他也是"端简终日，未尝旁视"。

显德五年（958年），周世宗派曹彬出使吴越国。吴越国人私下送给他一些礼物，他一概不受。曹彬完成使命后，便立即启程返回。吴越国士人用快船追赶曹彬，执意要将礼品送给他，他一再推辞。对方却执意要送，最后无奈，说："吾终拒之，是近名也。"于是收下了礼品，让手下人做了登记，回到京城后，他把这些馈赠的礼品全部上交朝廷。周世宗见曹彬如此廉洁，非常感动，下诏让曹彬将这些礼物领回。曹彬这才拜谢赏赐，将礼物拿了回去，然后全部分给了亲朋故旧，而自己未留一钱一物。

◎故事感悟

作为一员武将，曹彬深受皇帝重视，这是因为他一生谦让而不争功取宠，礼让成德，深受部下的爱戴。这种品行令人敬佩。

◎史海撷英

彬彬有礼的曹彬

当初，宋太祖赵匡胤未即位时，曾在后周担任殿前都点检，统管朝廷禁卫军，权势很大。曹彬对赵匡胤同其他人一样彬彬有礼，从不巴结，没有公事决不上门造访，文武大臣们群集宴请，曹彬也很少参加。赵匡胤对于曹彬的这种"中立不倚"、不拉关系、不结权贵的作风非常赞赏，对曹彬也另眼看待。赵匡胤黄袍加身后，于建隆二年（961年）从平阳把曹彬召回朝中，对他说："我昔常欲亲汝，汝何故疏我？"曹彬顿首谢罪说："臣为周室近亲，复忝内职，靖恭守位，犹恐获过，安敢妄有交结？"赵匡胤听了曹彬这番话，更加敬佩他的为人，认为可当重任。此后，赵匡胤对曹彬格外器重。

乾德二年（964年）冬，宋太祖下诏讨伐后蜀，令曹彬为都监，与王全斌、王仁赡、刘光毅诸将，率兵六万，分两路攻蜀。曹彬领兵一路破关斩将，蜀军望风而降，收降了施、万、开、忠、遂等州，攻取了峡中全部的州县。"诸将咸欲屠

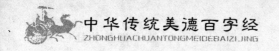

城以遏其欲，彬独申令戢下。"行军作战一路，军纪严明，秋毫无犯，所至蜀地百姓心悦诚服。宋太祖听到这个消息，特下诏书褒奖曹彬。

◎文苑拾萃

曹彬坦荡做人

曹彬手握兵权，常年领兵在外征战，屡立大功。开宝八年（975年），平定南唐，太平兴国四年（979年），随宋太宗赵匡义攻灭北汉，后又北伐辽国，为北宋统一天下、平定海内立下了汗马功劳，成为北宋著名的军事将领。官至枢密使、侍中、检校太师、同平章事、诸军节度使，位兼将相。曹彬地位愈高，但从不骄傲自大，"不以等威自异，遇士夫于涂，必引车避之。不名下吏，每白事，必冠而后见"。平定后蜀回京，宋太祖询问曹彬在外领兵打仗所见宋朝的地方官是否称职，曹彬回答说："军政之外，非臣所闻也。"宋太祖执意要他说自己的意见，曹彬只是举荐随军转运使沈伦，说他为官廉洁谨慎，可当大任。其他人的政绩，曹彬从不妄加评论，尤其不曾当着皇帝的面议论别人的过错。

曹彬北征辽兵败后，荆湖转运副使、职方员外郎赵昌言曾上疏朝廷，请求将败将曹彬等处以死刑以明法纪。后来赵昌言因事被人弹劾，自延安府回京后，皇帝一直未予召见，被弹劾之事不得申辩。曹彬听说此事后，知道赵昌言被冤，便不计前嫌，亲自出面在皇帝面前为他求情，赵昌言这才得以允许进宫"朝谒"，为己申辩。

周昉撤幄改画

◎宫有垩，器有涤，则洁矣，行身亦然，无涤垩之地
则寡非矣。——《韩非子·说林下》

> 周昉(8—9世纪初)，字仲朗，一字景玄。京兆(今陕西西安)人。中国唐代画家，出身于仕宦之家、游于卿相间之贵族。曾任越州(今浙江绍兴)长史、宣州(今安徽宣城)长史别驾。周昉能获得这个官位与他哥哥的地位有关，其兄周皓随哥舒翰征吐蕃克石堡城等立有战功。　初年学张萱，亦长于文辞，擅画肖像、佛像，其画风为"衣裳简劲，彩色柔丽，以丰厚为体"。

周昉是唐朝著名的宗教和人物画家。他画的佛像，容貌丰腴，色彩柔丽，酷似现实生活中的人物，绘画史上把这种宗教画的风格称做"周家样"。

周昉的学习和创作态度是严肃认真的，尤其是在获得很大声誉、成为著名画家以后，仍能虚心学习，精益求精。据记载，唐德宗曾经命周昉画章敬寺的壁画，他为此而费尽心血，甚至在梦中也进行艺术构思。画草图时，他特地撤掉幄帐，以便于群众观看、指点。章敬寺接连京城东门，各界人士，熙熙攘攘，大家争相观看周昉的画稿，并在旁边评头品足，有的人在赞叹绝妙之处，有的人指出功夫没到的地方，大家都帮着周昉去粗取精。周昉虚心地听取大家意见，不断进行修改。

整整经过一个月，画稿越改越好，观众的意见越来越少，以至谁也挑不出毛病了，他这才按着改定的草图，一口气画出来。画成之后，人们赞不绝口，推之为第一流的作品。

周昉在绘画方面刻苦钻研，并且善于汲取众人智慧，使得他的造诣终于

超过大画家韩干。周昉画的人物肖像画，有"兼得神情"之誉。

有一次，郭子仪的女婿赵纵请韩干给他画像，画成后大家一看，都说画得好极了。出于好奇心，赵纵又请周昉再画一幅。画成后，郭子仪把两幅画分别挂在座位两侧，反复衡量，到底哪一幅画得更好，可怎么也分不出高低上下。

过了几天，赵纵的妻子回娘家来了，郭子仪便指着画问道："画的是谁？"女儿答道："赵郎！"父亲又问："你看哪幅画画得最像？"回答道："画得都很像，可是后画的这幅更好。因为先画的那幅只画出了赵郎的状貌，后画的这幅则进一步画出了赵郎的气质风度。"（后者正是周昉的作品）听了评论，郭子仪高兴地说："今天才分出了这两位画家的高低呀！"

后来，郭子仪把女儿的话学给周昉听，周昉连连摇头，说："哪里，哪里，和韩干比，我的画功还差呢！"

周昉的人物画，不但形似，而且传神。相传《簪花仕女图》和《执扇仕女图》都是他的杰作。

◎故事感悟

生活中，越是有本领的人越谦恭，越是没有本事的人越爱表现自己，这好像已经成为定论。周昉画画不怕众人评头论足，并吸收有益的意见使自己的画艺日益精湛。这种虚心学习，不怕批评的精神值得我们学习。

◎史海撷英

宰相入狱

监察御史薛仲璋是中书令裴炎的外甥。薛仲璋暗中协助徐敬业起兵，裴炎了若指掌。他故作镇静，不露声色地把徐敬业起兵的事情压下，不予讨论。直到武太后向他询问计策，他才不慌不忙地答道："主上已经年长，却一直不能亲政，叛贼便以此为借口。如果太后把朝政交给主上，那么，根本用不着讨伐，叛乱自然就会平息。"

武太后听了，心里很不是滋味。监察御史崔詧进言道："裴炎自恃高宗皇帝临终有所托付，把大权掌握在自己手里。如果他心里没有鬼，为什么要让太后交还权力呢？"

武太后马上下令把裴炎逮捕入狱。裴炎慷慨陈词，不肯屈服。有人劝他收敛一些，以求免罪。裴炎不屑地答道："宰相入狱，哪里有保全的？"

武太后召集大臣讨论裴炎的案子。凤阁舍人李景谌说："我敢证明裴炎参与谋反。"

黄门侍郎同东宫平章事刘景先等人说："裴炎是国家重臣，尽心竭力侍奉主上，这是众所周知的，我们敢证明他不会参与谋反。"

武太后说："裴炎谋反自有他的理由，只是你们不知道罢了。"

凤阁侍郎胡元范说："如果裴炎谋反，那我们也算谋反啦？"

武太后说："你们想到哪里去了？我知道裴炎谋反，也知道你们不谋反。"

尽管文武大臣中证明裴炎不会谋反的人很多，但武太后都听不进去。没几天，连替裴炎说话的刘景先和胡元范也被投进了监狱，先后被降职、流放。不久，武太后下令处死裴炎。裴炎临死时，看着他的兄弟，叹息道："兄弟们的官职都是凭自己的能力得到的，和我没有任何关系。今天却因我的缘故被革职流放，实在让我痛心！"

◎文苑拾萃

杖杀王庆之

武后天授元年（690 年）九月，武太后宣布改国号唐为周，她正式登基做了周王朝的皇帝。紧接着，洛阳人王庆之受人指使，联名几百人上奏章，请求立武则天的侄子武承嗣为皇太子。文昌右相岑长倩反对说："不能这样做。现在东宫已有皇嗣，不应该另立太子。请陛下驳回这一无理要求。"

地官尚书同平章事格辅元也坚持认为不能另立太子。结果，武承嗣指使侍御史来俊臣诬陷岑长倩、格辅元谋反，并假造口供，把他们处死。王庆之又朝见武则天，请求改立皇嗣。武则天问道："皇嗣是朕的儿子，为什么要废掉他？"

王庆之回答说："古人说：'神不歆非类，民不祀非族。'（鬼神不享用非本宗族的祭品，百姓不祭祀非本宗族的鬼神）。如今天下是陛下的天下，为什么要让李氏来继承呢？"

武则天说："你且退下，让朕好好考虑一下。"

王庆之却趴在地上，不肯离去。武则天赐给他一纸凭证，对他说："今后想见朕，只要出示这个凭证，守门的官吏就不会阻拦你了。"从此，王庆之几乎天天入宫求见，武则天被搞得不耐烦了，命令凤阁侍郎李昭德对王庆之施以杖刑。李昭德早对王庆之恨之入骨，他把王庆之拉到光政门外，指着他对朝廷卫士说："这个家伙想废黜我朝皇嗣，立武承嗣为太子。"说罢，他狠狠一推，把王庆之掼倒在地，摔得鼻眼流血。卫士们一起动手，不一会儿，就把王庆之打死了。李昭德向武则天进言道："皇嗣是陛下的儿子。陛下拥有天下，应该传给自己的子孙，怎么能用侄子做继嗣呢？如果天下交给武承嗣，那么，以后谁还会祭祀天皇呢？"

武则天对他的看法表示同意。

阮长之责己穿错鞋

◎身修然后可以理家，家理然后可以治官。——《盐铁论》

阮长之（379—437），字茂景。陈留尉氏人也。祖阮思旷，金紫光禄大夫。父阮普，骠骑咨议参军。阮长之年15岁丧父，有孝性，哀感傍人。服除，蔬食者犹积载。闲居笃学，未尝有惰容。初为诸府参军，除员外散骑侍郎。母老，求补襄垣令，督邮无礼，鞭之，去职。寻补庐陵王义真车骑行正参军，平越长史，东莞太守。入为尚书殿中郎，出为武昌太守。时王弘为江州，雅相知重，引为车骑从事中郎。入为太子中舍人，中书侍郎，以母老，固辞朝直，补彭城王义康平北咨议参军。元嘉九年，迁临川内史，以南土卑湿，母年老，非所宜，辞不就。十一年，复除临海太守。至郡少时而母亡，葬毕，不胜忧，元嘉十四年，卒，时年59岁。

阮长之是一个清官，脾气可怪了，不论当着他的面，还是背着他，只要向他送礼，他一律拒绝，不仅原封不动地退还，而且还要教训送礼者一顿。他在自己办公的地方，写着一句话："一生不欺暗室。"所谓暗室，用当今的话说，就是以权谋私。他是这样写的，也是这样做的。

他在武昌郡当了三年官，从来不收任何人的礼物。真正做到清正廉洁。他离任时，百姓恋恋不舍，列队送别。他的叔叔要送他一些礼物作纪念，知道他那古怪的脾气，不敢送钱给他，只送他一个青瓷杯，一把檀香扇。奇怪的是，阮长之这次没有当面拒绝，而且叫仆人收下，并逐一做了记录。待亲戚走后，临上路时，阮长之叫人把礼物退还给他的叔叔。

阮长之就是这样一个人。

后来，他调到京城当了中书郎，职位高了，那古怪的脾气却一点也没有改变。做京官，离皇帝近，文武百官常常需要去值夜班。因为朝廷有些文件是不能过夜的，谁耽搁了，就要处理谁，所以，官员们值夜班都很认真。阮长之则更加重视。

有一次，该到阮长之值夜班了，他很早就到值班房。值班的官员有四五个，都睡在一个通铺上。一有转送外地文件，或朝廷有急事需要连夜处理的，就起来办公。一般情况下，轮到值班，没事时大家就一起睡觉。阮长之睡下了，正在蒙蒙眬眬之中，忽然听见有人叫他，他立刻翻身坐了起来，说："快把文件给我！"

"阮大人，不是文件，而是你家仆人来叫你，你夫人心脏病复发了，请你赶快回家！"叫他的是刘大人。

刘大人又说："这里的事我处理好了，你放心回去吧！"

阮长之借着烛光，下床穿好鞋，就跟着仆人，回到自己府上。

这时，已经是深夜丑时时刻（即现在深夜两点钟左右），阮长之走进房里，只见夫人脸色苍白，双眉紧锁。医生已来过，并开了药方，仆人赶忙去抓药了。阮长之安慰过妻子，便守在她身边。

妻子睁眼一看，是自己的丈夫，歉疚地说："你晚上值班，我又拖累你了，现在，我身体好多了，你回去值班吧！"

阮长之听到妻子这么说，心里很感激，妻子对自己太了解、太体贴了，便说："你放心，今晚刘大人替我值班。"

妻子点了点头，露着一丝笑容说："那，辛苦你了！"

阮长之不敢睡觉，一直坐在床前，困了，合一会儿眼。

天亮时，仆人打来了洗脸水。阮长之洗完脸，下意识地低头一看，吃了一惊，自己两只脚上的鞋不一样，一只是棕色的，一只是黑色的。阮长之想，一定是昨天晚上匆匆忙忙穿错了鞋，这怎么办呢？我的座右铭是一生不欺暗室，现在可好啦，我趁深夜之时，穿别人的鞋了。我必须赶回值班房。

阮长之来不及向妻子说一声，就坐上马车，直奔值班房。值班的人还没有走，看见阮长之急忙忙地走进来，还以为是阮夫人有什么危险……

大家正在胡思乱想，阮长之却对大家说："实在对不起，我不是故意的。我昨天深夜把鞋穿错了，我向你们道歉……"

刘大人听后，哈哈大笑地说："阮大人，我以为什么大事，原来是穿错鞋。一双布鞋值不了几个钱呀，何必大惊小怪呢？"

阮长之认真地说："不，鞋虽然不值钱，但这不是我应该做的事情。穿错鞋，这说明我还有私心，这实在要不得呀！"

◎故事感悟

穿错鞋本是再寻常不过的事了，可是在阮长之看来，却是一件不可原谅的事，足见他心地坦荡。而且在知道穿错鞋后，他马上奔向值班房，再三向人道歉，十分谦恭，这种精神值得我们学习。

◎史海撷英

方孝孺需拜师

方孝孺20岁的时候，感到自己的学问日益精进，想投名师继续深造。父亲告诉他："当今文坛，宋濂堪称是领袖，被称为'开国文臣之首'，你可以拿着自己的文章去拜见他。他收学生向来注重才学，以你现在的水平，他见了一定会收下的。"方孝孺说："父母在，不远游。孩儿应该在家里尽孝道，才是做人的道理。不然，读圣贤书又有什么用？"父亲听了，很受感动，欣慰地对他说："父母正在壮年，不用你担心，不听父母的话也是不孝啊，我让你去投名师，是为了你将来能有所作为，光宗耀祖，这是最大的孝啊。"方孝孺点头称是，拜别父母之后，就独自一个人去了京城。

他来到京城以后，不久就找到了宋濂。宋濂是一个古板的老先生，身材瘦高，头发花白，经常面沉似水，动不动就吹胡子瞪眼睛。对于学生也很严格，稍有不是就大声斥责。这天，方孝孺来到他面前，他淡淡地说："你拜见老夫，有什么事吗？"方孝孺赶紧上前一步，毕恭毕敬地说："久闻先生大名，学生非常钦佩，想投在您的门下做一名学生，望先生收留。"宋濂手捻着花白的胡须，上下打量着方孝孺，不动声色地说："既然你说要做我的学生，我要考考你的功课，看你有没有这个资格。"方孝孺连连点头说："是，是，学生带来平时写的几篇文章，请先生过目。"宋濂也不答话，只是随手接了过来，展开观看。宋濂读着这位年轻人的文章，脸上慢慢地露出了笑容。他兴奋地说："你的文章不错，文采飞扬，说理透彻，见识不同一般。真是孺子可教啊。你假如以后跟着我学的话，我有希望找到传人了。我的门生这么多，但是其中很多是平庸之辈。现在，我就像在叽叽喳喳的百鸟群中发现了一只凤凰一样。"方孝孺赶紧跪倒磕头，谦虚地说："老师过奖了，学生实不敢当，请受学生一拜。"于是，方孝孺从此就成了宋濂的学生，每天跟老师学习，谈论作文做人的道理，谈论治国安邦的道理，学问日益精进。到了第二年，宋濂回归家乡，方孝孺仍追随老师侍奉求学长达四年。在学习期间，方孝孺每天都有新的进步，每天都有新的收获。宋濂也经常称赞他的文章精敏绝伦，每次都能从大处落笔，然后穷究其本源。既顾得上道理的根本，又能细致入微。他的论著，文义繁复深厚，千变万化，总是有所创新。用词上也有新颖独创之处。当时，在宋濂门下学习的名士很多，但学术上都不如方孝孺。胡翰、苏伯衡等人每当跟方孝孺谈论文章之道、治国之道的时候，总是慨然长叹："后生可畏，我不如他。"

◎文苑拾萃

方孝孺授业

　　方孝孺初到汉中的时候，当地人很少知道读书学礼。方孝孺到了以后，开始收徒授业。他为学生讲课尽职尽责，讲解文义细致入微，有时讲到晚上还没有疲倦的意思。在他的努力下，汉中一带的百姓都知道读书识字、学习孔孟之道，人们的素质得到很大程度的提高。蜀献王知道他是当代的大贤人，就请到他家中给儿子当老师。蜀献王是朱元璋的第十一个儿子。每次见到献王或者他的儿子，方孝孺总是讲以德修身治国的道理。献王非常尊敬他，待如上宾。那一段时间，方孝孺没有其他事可做，只是一心地钻研学问，专心著述。所著的书有《周易枝辞》、《周礼考次目录》、《武王戒书注》、《宋史要言》、《基命说文》等，现在都已散佚。有时，他也感到很空虚，自己的宏图大志竟然得不到施展，空有满腹的学问，空有满腔的抱负，难道就这样终老于此吗？因此他也经常独坐长叹，并把自己的书斋题名为"逊志"，含有退隐的意思。蜀王看出方孝孺郁郁不得志，就问他："先生为何如此消沉，为何要'逊志'呀？"方孝孺说："我从小读圣贤书，立志以天下为己任，如今已近不惑之年，还是碌碌无为，今后我还能有什么作为啊。"献王劝说道："如今天下初定，太祖以刑名治天下，所以先生不得用。我想不久以后，先生定会有施展抱负的时候。况且姜子牙80岁才开始辅佐文王，还能成就帝王之业。先生正值盛年，不该有隐退之心呐。"于是，方孝孺就把书斋的名字改为"正学"。因为方孝孺对汉中的教育贡献很大，所以汉中人对他备加崇敬，后来人们在汉中名宦祠中设置了方孝孺的祭祀牌位。

删繁就简显高风

◎傲不可长，欲不可纵，志不可满，乐不可极。——《礼记·曲记上》

> 欧阳修（1007—1073），字永叔，号醉翁，又号六一居士。吉安永丰（今属江西）人，自称庐陵（今永丰县沙溪人）。谥号文忠，世称欧阳文忠公，北宋卓越的文学家、史学家。

1045年，宋代大文学家欧阳修遭诬陷获罪，被贬到滁州做知州。滁州地处江淮之间，山清水秀，地僻事简。欧阳修被贬至此，正好悠游山水。

滁州西南有一座景致优美的琅玡山。欧阳修常常携酒前往，流连忘返其中。时间一久，他便和琅玡寺的主持和尚智仙交上了朋友。智仙和尚同情他的遭遇，又钦佩他的为人，便在游山的路上，专门为他建造一座亭子，以避风雨。亭子落成这天，欧阳修亲自题名为"醉翁亭"，并写成了一篇脍炙人口的佳作《醉翁亭记》。

《醉翁亭记》写好之后，欧阳修亲自抄了6份，派人贴到各个城门。随后，他又派了6班吹鼓手，分别在6个城门口鸣锣击鼓，请过往行人帮他修改。

滁州百姓听说太守欧阳修征询对他文章的修改意见，便蜂拥到各个城门口，争相观看。看过之后，大都称赞不已，提不出什么修改意见。直到傍晚时分，终于有一位50多岁的老汉来到官衙，声称要面见太守，修改《醉翁亭记》。

欧阳修一听，连忙出衙相迎。同老者见礼过后，诚恳地说："先生有何高见，请快快指教！"

"我乃琅玡山一砍柴樵夫，本不懂诗文，但刚才在城门口听衙役们读了先生的文章之后，感到句句说得都是实情，只是开头显得啰哩啰唆。"老者道。

欧阳修赶忙把《醉翁亭记》的开头背诵出来："滁州四面皆山也。东有乌龙山，西有大丰山，南有花山，北有白米山，其西南诸峰，林壑尤美……"

刚背到这里，老樵夫把手一挥，说："停下，停下，毛病就出在这里，太啰唆了！"

欧阳修一听，恍然大悟，忙问："您老的意思，是不要再叙述这些山的名字？"

老者笑答道："不知太守是否到过琅玡山的南天门？我砍柴常去那里。站在南天门上，什么乌龙山、大丰山、花山、白米山，一转身四周全部都在眼中，四周都是山！"

"您老人家言之有理，环滁皆山，何必一一道出名字！"

欧阳修当即铺开文稿。提笔抹去数十字，将文章开头改成了："环滁皆山也，其西南诸峰，林壑尤美。"然后，再读给老者听。老者一听，连说："好！好！'环滁皆山也'五个字，道尽滁州地势，不啰唆了！"

第二天一早，欧阳修派人到各个城门，修改了《醉翁亭记》的开头。这样，《醉翁亭记》以这5字开头，突兀不凡。紧接着，一口气用了21个也字，娓娓道来，写尽了滁州山间朝暮变化、四时景色以及游人乐而忘返的游兴。全文如山溪流淌，自然流畅，浑然一体，博得了一片喝彩。

当人们知道这位久负盛名的太守是听了一位山中樵夫的批评后，才删繁就简，将《醉翁亭记》改得如此优美的，无不赞扬欧阳修闻善则从的高风亮节。

◎故事感悟

欧阳修是宋代有名的大文学家，但他不为所取得的成就而陶醉。《醉翁亭记》这样优秀的文章的开头，却来自一位老樵夫的修改，这不能不令人惊诧。这个故事充分表现了欧阳修的谦恭，他不但以山水自然为素材，还以人民群众为老师，这种博大的胸怀也只有这样伟大的文学家才会拥有。

◎史海撷英

坐镇开封府

新皇登基，必然要大赦天下，以安抚收买民心。同时也选拔一部分有能力的官吏充实朝纲。寇准与真宗素无怨怼，真宗当初立为太子的时候得到寇准的支持，并表示祝贺，与先皇痛饮，大醉而归。所以，真宗即位不久，寇准即得到了升迁，任尚书工部侍郎。后来，又出任地方官，去凤翔做知府，治理一方百姓。当然，寇准以出众的才能，刚直的个性，方正的为人，赢得了当地民众的一致称赞。有一年，真宗巡察民情来到大名府，听说寇准在民间声望很高，爱民如子，断案如神，就把寇准召到临时办公下榻的地方。真宗问及当地的政事民情，寇准如数家珍，对答如流，而且很有政治眼光。真宗很满意，就调寇准进京并且权知开封府。开封府掌管京师的民政、司法、捕盗捉贼、赋役、户口等政务，历来以公正无私闻名（宋太宗赵光义、宋真宗赵恒、宋钦宗赵桓三位皇帝登基前均曾执政于开封府；寇准、欧阳修、范仲淹、苏轼、司马光、苏颂、蔡襄、宗泽等一批杰出的宋代政治家、思想家、文学家及军事家均曾先后主事开封府。他们公正廉洁、不畏权贵，给后人留下了许多脍炙人口的故事和传说）。在宋代，平民有冤无处申的时候，往往想到开封府。因此，这次让寇准权知开封府，既是对寇准的磨炼，以期他有更大的作为，更是对寇准的信任。寇准到任以后继续发扬自己的长处，捕盗抓贼，断案如神，公正廉明，被人誉为"寇青天"。咸平六年（1003年），又升迁到吏部做三司使。

◎文苑拾萃

寇准之死

天圣元年（1023年），寇准再次转为衡州司马。此时的寇准，由于历经转徙，灰心失望，已经失去了往日的风采，苍老了许多。想起一幕幕往事，寇准常常独自叹息。他想到了在巴州的风风雨雨，秋风亭上曾有苍凉却踌躇满志。想到了澶渊城上临风观战，指挥千军万马，是何等的威风。想到了立废太子，桩桩件件由自己策划的事。也想到了象证着信任与荣耀的玉带。当初，太宗曾经得一通天犀，命工匠做成了两条玉带，其中一条赐予寇准。而现在，山川依旧，人事已非。注日的荣耀已经如微风飘散了，注日的君主也已经驾鹤西去了，注日叱咤风云的一代名相如今也变成一个糟老头。现在，他决定派人把玉带从京城取来，作为永久的留念。

家人把玉带取来了，寇准手抚玉带，深深地叹息，老泪纵横。这一天，他预感到自己将不久于人世，于是全身沐浴，穿上注日的朝服，束好心爱的玉带，命家人排摆香案，寇准缓缓地走到香案之前，神色凝重。然后，手执香火举过头顶，缓缓跪倒，望北一拜、再拜……然后对家人说："我的心愿已了，我要休息了。"就让左右的人摆好卧具，躺在上面缓缓地说："我累了。"就永远地闭上了眼睛。

道 歉

◎古之君子，其责己也重以周，其待人也轻以约。——韩愈

飞机起飞前，一位乘客请求空姐给他倒一杯水吃药。空姐很有礼貌地说："先生，为了您的安全，请稍等片刻，等飞机进入平稳飞行后，我会立刻把水给您送过来，好吗？"

15分钟后，飞机早已进入了平稳飞行状态。突然，乘客服务铃急促地响了起来，空姐猛然意识到：糟了，由于太忙，她忘记给那位乘客倒水了！空姐来到客舱，看见按响服务铃的果然是刚才那位乘客。她小心翼翼地把水送到那位乘客跟前，面带微笑地说："先生，实在对不起，由于我的疏忽，延误了您吃药的时间，我感到非常抱歉。"这位乘客抬起左手，指着手表说道："怎么回事，有你这样服务的吗？"空姐手里端着水，心里感到很委屈，但是，无论她怎么解释，这位挑剔的乘客都不肯原谅她的疏忽。

接下来的飞行途中，为了补偿自己的过失，每次去客舱给乘客服务时，空姐都会特意走到那位乘客面前，面带微笑地询问他是否需要水，或者别的什么帮助。然而，那位乘客余怒未消，摆出一副不合作的样子，并不理会空姐。

临到目的地，那位乘客要求空姐把留言本给他送过去，很显然，他要投诉这名空姐。此时空姐心里虽然很委屈，但是仍然不失职业道德，显得非常有礼貌，而且面带微笑地说道："先生，请允许我再次向您表示真诚的歉意，无论您提出什么意见，我都将欣然接受您的批评！"那位乘客脸色一紧，嘴巴准备说什么，可是却没有开口，他接过留言本，开始在本子上写了起来。

等到飞机安全降落，所有的乘客陆续离开后，空姐本以为这下完了，没想到，等她打开留言本，却惊奇地发现，那位乘客在本子上写下的并不是投诉信，相反，是一封热情洋溢的表扬信。

◎故事感悟

由于空姐的礼貌和谦恭，使原来很生气的乘客改变了看法，他不但没有批评空姐，而且表扬了她。这说明，只要服务态度好，别人就会化生气为祥和。

◎史海撷英

习惯的力量

在200多年前的清朝，有一个名叫刘蓉的人，是当时比较有名的官员，曾经做过陕西地区的最高长官。

刘蓉年轻的时候，读书非常用功。他总是喜欢一个人静静地待在屋子里面，专心致志地读书，遇到不明白的地方，就会向窗外看看，思索一下。一时想不起来问题的答案时，他就站起来，舒展一下身体，在屋子里面踱来踱去。

当时的屋子的地面都是泥土的，不是很平整，也不是很干净。如果雨天进了水，地面就变得泥泞了。

刘蓉读书的屋子里面的地面就是这个样子，而且还有一个直径一尺左右的凹坑，由于人经常在上面走，使得它逐渐变大变深。刘蓉每次经过这里，脚都要被绊一下。特别是在他思考问题的时候，一不留神就会摔个大跟头。起初他觉得很别扭，但是因为忙着读书，也就没有机会整理这个地方。后来时间一长也就习惯了，再走到那里的时候，自然会抬起脚来迈过去。

一天，刘蓉的父亲来到刘蓉读书的这间屋子，检查一下孩子的读书情况。刚进来的时候，父亲还能注意到那个凹坑的地方。等坐下来，与刘蓉交谈了一会儿后，刘蓉的父亲感到十分开心，因为刘蓉进步得十分迅速，大大地出乎他的预料。父亲觉得自己的辛苦没有白费，儿子真的很争气。于是，在鼓励儿子几句话

后，不想再耽误儿子的读书时间，要回去忙自己的事情去了。可是，由于这样一段时间的交谈，刘蓉的父亲忘记了地上的凹坑，一不小心，就摔在了那里。刘蓉吓了一跳，赶快把父亲搀扶了起来，仔细检查了一下，幸好没有受伤。

这时，父亲开玩笑地对儿子说："你连一间屋子都治理不好，还能治理好一个国家吗？既然你已经有了将来要为国家效力的志向，就应该从小事做起呀！"为了避免出现别人也摔倒的情况，父亲嘱咐仆人取来土，将坑洼的地方填平了。

父亲走后，刘蓉久久无法平静下来，父亲的话在刘蓉心里引起了很大的感触，这促使刘蓉更加努力地读书。

一天，刘蓉为了思索一个问题，又在屋子里面走来走去，走到原来的凹坑处，脚一踏，突然感到地面凸起来一块，大吃一惊。低头一看，原来地面已经是平平坦坦的了。他疑心自己的感觉，为什么平坦的地方自己反而觉得不舒服呢？于是重新从那个地方走过，仍然像刚才那样不舒服。就这样，他别别扭扭地走了许多天以后才安稳下来。

后来，刘蓉感慨地说："习惯对于人的影响实在是太大了！脚本来适于走平地，不适于走洼地。可是经常走在坎坷不平的道路上，就会觉得坑洼是平地，不需要用眼睛注意到地面，就能顺利从洼地上走过去。等到把洼地填平了，再从上面走过的时候，反而觉得磕磕碰碰的，心里不安宁。看来一个人的习惯可以改变一个人的性格啊！"